「がまんする力」を育てる保育

今井寿美枝 ─ 編著

河添理論の保育実践パート3

大月書店

```
         社会性の身に付いた          非行・引きこもり
             子ども              など心配な子ども
                ↑                    ↑
┌─────────────────────┐  ┌─────────────────────┐
│ ・十分な愛情         │お│ ・いつもガミガミ     │
│   (おかあさんの笑顔) │と│   (おかあさんがいつもイライラ) │
│                     │な│                     │
│ ・ほんの少し         │の│ ・過保護か放任       │
│   「がまんをする体験」を│育│   (依存的か、やりたい放題) │
│   積み重ねる         │て│                     │
│                     │る│ ・子どもの言いなり   │
│ ・叱る時は顔と態度で │力│   (「甘え泣き」に振り回される) │
│   (体罰は絶対にしない)│  │   (子どもが王子様・王女様状態) │
│                     │  │                     │
│ ・遊びを豊かに       │  │ ・からだを動かさない │
│   (からだ全体を使って遊ぶ)│ │   (テレビ・ビデオ・ゲームで遊ぶ) │
│   (手や指などを使って遊ぶ)│ │                     │
│                     │  │ ・乱れた「生活リズム」│
│ ・「生活リズム」を整える│ │   (朝寝・夜更かしをする) │
│   (早起き・早寝をする)│  │                     │
│                     │  │ ・乱れた「食生活」   │
│ ・食事を規則正しく   │  │   (ジャンクフードなどの多使用) │
│   (手作りの食事)     │  │                     │
│                     │  │ ・外遊びが少ない     │
│ ・戸外で自然に親しむ │  │   (空気浴・日光浴の不足) │
│   (空気・水・日光・草木)│ │                     │
└─────────────────────┘  └─────────────────────┘
                ↑ ↑ ↑
         ┌──────────────────┐
         │  子ども自身の育つ力  │
         └──────────────────┘
```

「がまんする力」を育てることは、子どもの社会性を磨く、とっておきの方法

「がまんする力」は、「生きる力」です。

「がまんする力」は、「人とうまくコミュニケーションをとれる子どもに育つため」に必要な力です。

必要なのは、おとなの「笑顔」と「待つ心(がまん)」です。

おとなからの一方的な押しつけの「がまん」ではありません。

子どもの「わがまま」に振りまわされないように、おとなも「がまん」します。

「がまんする力」は、「生活の中でつけていく力」です。
「『ちょっとがまん』をしたら、抱っこしてほめてもらえた」などの、こころが満たされる体験の中で育ちます。
子ども自身が、親から愛されている自覚（自己肯定感）を持てるように接することが大切です。

はじめに

　生まれた赤ちゃんを「人への思いやりのあるおとな」へと導いていくことは、親や周りのおとなの大切な務めです。乳幼児期に親や周りのおとなから笑顔であやされ、こころが満たされて育った子どもは、人を信じ、自分を信じ、自信を持って生きていくことができます。

　子どもを愛し、大切にするということは、子どもの言いなりになることとは違います。可愛い子どもだからこそ、家庭の「安らぎ」や「くつろぎ」の中で、「やってよいこと」と「やってはいけないこと」を教え、社会で生きていく力をつけてやらなくてはなりません。特に人や動物を傷つけたりいじめたりしてはいけないこと、他人に迷惑をかけてはいけないことなどは、幼児期、特に３歳までに教える必要があると感じています。

　乳幼児期についた力は、その人の根幹を創ります。

　学童期になってキレやすい子どもの原因は、「生活リズム」の乱れと、子どもに振りまわされ、子どもの言いなりになってしまった「親の子育て力（対応のしかた）の不足」にあります。

　こころの荒れた子どもに「がまんする力」をつけるためには、早起き・早寝の「生活リズム」を整えることから始めます。心を穏やかにするためには質の良い眠りが、不可欠だからです。夜、暗く静かな環境で眠ると、「メラトニン」というホルモンの作用で、こころが穏やかになり体も丈夫になります。

　日中には、子ども自身が「愛されている」という「実感」を持てるように、笑顔を向け、ほめる場面を増やします。それと同時に、親は自分の言動に責任を持ち、子どもの「わがまま」に振りまわされないようにします。

　子どもにも言動に責任を持たせるようにします。生活の中で、「少しだけ

がまんする体験」を積ませると、耐性がつきます。**こころが満たされたうえで、「少しだけ、がまんをする体験」を積み重ねた子どもはキレません。**「やってよいこと」と「やってはいけないこと」をきちんと教えられ、「がまんすること」を身に付けた子どもは、協調性があり、自分の感情を抑えられ、やろうと決めたことをやり抜く「賢くたくましいおとな」に育ちます。

　私は20代前半に児童養護施設で3年間勤務したことがあります。当時は住み込みでしたから、まさに、子どもたちと寝食を共にする生活でした。そこで気づかされたのは、子どもにとって「親はかけがえのない大切な存在であり、誰も代わることはできない」ということでした。

　私は現在、児童発達支援事業施設「ゆうゆう」の施設長として、障がいや発達に弱さのある子どもたちと、保護者の支援にたずさわっています。開園から25年の間に、200人を超える子どもたちと保護者とに出会い、河添理論[1]の保育実践に力を注いできました。

　「より丁寧な支援」が必要な子どもたちが、この理論を実践することで大きく成長しました。親は子どものために「一日の生活のしかた」を今までとは大きく変えました。更に「子どもに対しての対応のしかた」も学び、「わがまま」に振り回されないようになりました。子どもは、「ほんの少しのがまん」を積み重ねることで「がまんする力」がつきました。すると、親子間によい変化があらわれ、親は子どもをそれまで以上により愛おしく感じられるようになり、子どもも親を大好きになりました。

　本書は、河添理論を実践する中で、子どもたちから学んだことを形にしたものです。なお、本書に出てくる「事例」は、「ゆうゆう」での取り組みをまとめたものです。

　赤ちゃんの「甘え泣き」にクタクタになっているお父さん・お母さん、幼児期の子どもの「わがまま」に振り回されて疲れているお父さん・お母さん、学童期になって子育てに行き詰っているお父さん・お母さん、可愛い孫に甘いおじいちゃん・おばあちゃん、そして、子育てに関わっている皆様にこの本が少しでもお役に立てたなら幸いです。

1　河添理論…早寝・早起き・朝ごはんを基本とする規則正しい「生活」と楽しく身体を動かす「あそび」の充実によって子どもの育つ力を引き上げる方法論。

もくじ

はじめに …………………………………………………… 005

序　章　「がまんする力」の大切さ …………………… 011

第1章　乳児期につける力 ………………………………… 015
1．乳児期に十分な愛情を注ぐ ………………………………… 016
　① 向かい合う
　② 笑顔と笑い声を獲得させる
　③ 夜の眠りを保障する
　④ 授乳する時間を親が決め、与える時はゆったりと
　⑤ 離乳食を手作りする
　⑥ 布おむつを使う
　⑦ 「赤ちゃん体操」を毎日楽しみながら継続する
　⑧ 首がすわったら機嫌の良い時に「うつぶせ」にして遊ぶ
　⑨ 「はいはい」を十分に行う
　⑩ 絵本の読み聞かせをする

2．赤ちゃんの甘え泣きには振り回されない強い意志を持つ …049
　①「泣くこと」は、月齢とともに意味を伴っていく
　② 眠ったら布団に寝かせる
　③ 卒乳ではなく断乳をする

第2章　1歳〜3歳までに大切にすること ……………… 061
1．「生活リズム」を確立する ………………………………… 064
　① 機嫌良く早起きをします
　② 起きたら、着替えをします
　③ 冷水で顔や手足を洗います
　④ 毎朝たのしく散歩します

⑤　食事は一日３回、間食１回にします
　　⑥　食事の前には小便をします
　　⑦　朝食後には大便をする習慣をつけます
　　⑧　朝のうちにからだを使って表現をする遊びをします
　　⑨　幼い子どもには、昼寝をさせます
　　⑩　午後広い場所で遊ばせます
　　⑪　雨天の日も生きいきと遊ばせます
　　⑫　できるだけ手伝いをさせるようにします
　　⑬　夕食後には、はい回って遊びます
　　⑭　就寝少し前に入浴をします
　　⑮　就寝前に、落着いた時間を持ちます
　　⑯　夜寝付きのよい子がよく育ちます
　　⑰　激しい刺激（ストレス）を加えないようにします
　　⑱　ほめ方や叱り方は態度によって示します
２．親は子どもの言いなりにならない ……………………… 103
　　①　子どもの「甘え泣き」に負けない
　　②　命にかかわることは「ダメ」と叱る
　　③　「やってはいけないこと」は、「行動を止めて」教える
　　④　自傷行為に惑わされない
　　⑤　他傷行為にひるまず、笑顔を向ける
３．発達のみちすじに応じた対応をする ……………………… 124
　　①　10ヵ月ごろの特徴
　　②　1歳半ごろの特徴
　　③　2歳〜2歳半ごろの特徴
　　④　2歳半〜3歳ごろの特徴
４．食事・排泄についてのＱ＆Ａ ……………………………… 137

第3章　3歳を過ぎた子どもに「がまんする力」を
　　　　つける方法 ……………………………………………… 153
1．規則正しい生活習慣を崩さない ………………………… 154
　　① 3歳以降に「生活リズム」が崩れる理由
　　② 幼児期の睡眠時間は、「10時間」を保障する
　　③ 朝食は、必ずとる
　　④ 朝の排便を定着させる
2．笑顔を向け、社会性を育てる経験を積ませる ………… 167
　　① 「自分の感情や欲求を抑える自制心」を育てる
　　② 親は、子どもに振りまわされない
　　③ 約束をつくり、守れたらほめる
　　④ 3歳を過ぎた子どものほめ方・叱り方
3．子どもの問題行動への対応のしかた …………………… 190
　　① 気になることは気にしない
　　② 常によいところを見つけてほめる
　　③ 具体的な対応のしかた
4．さまざまな自然体験をさせる …………………………… 200

おわりに ………………………………………………………… 203

「がまんする力」の大切さ

「がまんする力」は、「ヒト」が育てます

　「ヒト」は、「人」が育てるから「人」に育ちます。
　子どもが育っていくには、「育ちのみちすじ」があります。胎児として育っていき、周生期（生れ出る時期）を経て、新生児になります。そしてだれもが乳児期、幼児期、児童期、青年期を通って、おとなになっていきます。
　「育ちのみちすじ」を通りながら、人間の子どもは、人間のおとなになるために育ちます。
　そのおとなになるためには、人間のおとなが育てなければいけません。おとなが手本を示しながら「子ども自身の育つ力」を保障し、みちびき、おとなに向かって自立させていくことを「子育て」といいます。

　人をいたわる優しい「こころ」は、関わる人間の愛の中ではぐくまれます。「愛」されて育った人は、人を大切にでき、自分も大切にすることができます。人間は、人の気持ちが分かり相手の立場になって物ごとを考えたり、相手に共感できたりする力を持っているから社会生活をおくることができるのです。
　これらは、乳幼児期から「十分な愛情」と日々の生活の中で「少しだけがまんする体験を繰り返していくこと」で身に付けていくことができます。
　人間の素晴らしさは、「子育て」によってつくり上げられるものです。
　「子育て」は親の大事な務めです。

子どもに「がまんする力」をつけるためには、おとなが「がまん」をしなくてはならない

　子どもに泣かれると親はこころが揺れるものです。それを見抜いて泣いてみせるのが子どもです。子どもは泣くことでその時々の親の対応を学んでいきます。子ども自身に「自分で生きる力」をつけるためには、親は揺れるこころに打ち勝ち、泣かれても「ダメ」なことは「ダメ」と教えなければなりません。

　「子どもに泣かれても譲らない強い意志」を持つことが、おとなの「がまんする力」です。例えば店先で「買いたい」と泣かれて、どんなに騒がれても親が「買わない」と言った日は、「買わない」という強い意志を持つことです。

　大泣きされても子どもに笑顔を向け、譲らずに「がまんできる」と信じて待ちます。その親の姿を見ながら、子どもも「がまんする力」を身に付けていきます。

　　・自分の感情が抑制できる自制心
　　・社会性と規則を守る意思
　　・他人に迷惑をかけない
　　・相手の気持ちが理解できる
　　・決して暴力を振わない

　これら全てに「がまんする力」が働いています。
　日々の生活の中で、「少しだけがまんする体験」を積ませ、社会で活躍できる立派なおとなに成長させていきましょう。

「がまんする力」は、乳幼児期から日々の生活の中で無理なくつけていくもの

　子どもに「誘惑に負けない強い心」を持たせるためには、乳幼児期から、親が子どもの「甘え泣き[2]」に負けない「強い心」を持つことが大切です。「がまんする力」は、3歳頃までに生活の中で自然に身につくようにしていきます。

　赤ちゃんは、生後2ヵ月くらい経つと「甘え泣き」を覚えます。その欲求は、叶えられれば叶えられるほどエスカレートしていきます。ですから、この頃から「叶えられる欲求には限りがあること」を教えなければなりません。乳児期から、「甘えて泣いても断念しなければならないことがある」ということを教えることは、とても大切です。

　幼児期は、おとなが子どもに「がまんすること」を教えていかなければならない大切な「トレーニング期」です。ここでの「がまんすること」とは、例えばブランコに乗りたいけど、友達が乗っているから「がまんして待つ」などの「少しのがまん」です。

　「少しがまんすること」を教えるには、日々の生活の中で「一人で全部食べたくても兄弟で分ける」「一人で使いたくても、みんなで使う」など、「小さながまんをする体験」を積み重ねることが大切です。

　日常生活の中で、さりげなく「少しだけがまん」させ、辛抱させて忍耐力のトレーニングを積むと、学童期になっても、社会人になっても忍耐強く、協調性のある人に育っていきます。一方、それらを身に付けずに成長すると、「自己中心的」「身勝手」「すぐにキレる」、あるいは思春期になって「親に暴力をふるうような子ども」に育ってしまいます。

　乳幼児期に培われたものは、その人の根幹をつくります。「協調性」は、社会で生きていくために欠かせない力です。やがては自立し、自分で判断しながら社会人として逞しく生きていくために、幼児期から少しずつ協調性を養っていきましょう。

2　甘え泣き…甘えて泣くこと。不快（お尻の汚れや空腹など）でなくても泣く、又は「泣いたら抱っこしてもらえた」という経験から学習した泣き。

第1章

乳児期につける力

1 乳児期に十分な愛情を注ぐ

1 向かい合う

　生まれたばかりの赤ちゃんは、まだ何もしゃべれませんが、誕生の初日から母子のコミュニケーションは始まります。赤ちゃんは、抱っこされ、おっぱいを飲むことでお母さんとの絆を深めていきます。たとえおぼつかない抱っこだとしても、お母さんに優しく抱かれておっぱいやミルクを飲むことで、赤ちゃんに安心感と満足感とが生まれます。

　生まれたばかりでも、19～20cm くらいの距離が見えます。お母さんが抱っこをした時に、ちょうどお母さんの顔が見える距離です。お母さんの眼を赤ちゃんの視野の中に入れてにっこりほほ笑み、たくさん語りかけましょう。キラキラな瞳のお母さんに語りかけられ、笑顔を向けてもらうことで、赤ちゃんは「笑顔」を獲得していきます。

　赤ちゃんが育つ中でいろいろな人たちと関わり、長い月日をかけて作られていくのがコミュニケーション力です。その始まりは赤ちゃんを抱くお母さんと赤ちゃんの「向かい合い」から始まります。

　お母さんに抱っこされ、満たされ、安らぎ、くつろぎ、受容されると、赤ちゃんには、お母さんへの信頼感が芽生えてきます。同時に、お母さんにも親としての自覚が芽生えます。赤ちゃんにとってお母さんは、必ず自分を守ってくれる絶対信頼の人です。この「絶対信頼」が、やがて「自己肯定感」に繋がり、人を信じ、自分を信じる力となります。

　乳幼児期に家庭や保育所や幼稚園で、「自分が愛されている」という実感を持てると、他人をいたわり、自分を大切にすることができるようになります。愛されて育った子どもは「誇りある自分」を築き、生涯にわたり、親が悲しむことはしません。

〈授乳時に気を付けること〉

「授乳」は、おっぱいやミルクを飲ませるだけではなく、お母さんとの信頼関係を築く大切な時間です。赤ちゃんを抱っこして、おっぱいやミルクを飲ませている時に、お母さんが子どもの顔を覗き込むと、ちょうど視野の中にお母さんの眼が入ります。それがおっぱいやミルクを飲むという生理的「快」の状態と結びついて、人間の眼に対する「おはしゃぎ反応」を引きおこすと考えられています。大切な「ことば」も笑顔や笑い声を基礎に獲得されていきます。

〈キラキラな瞳を向けて〉

「赤ちゃんが可愛い」と思うと、ドーパミン[3]の作用でお母さんの瞳孔が開き、輝いて見えます。

赤ちゃんは、そのキラキラな瞳に反応して、お母さんの眼をよく見るようになります。

これがコミュニケーション力の基礎となります。

授乳中は、赤ちゃんの眼を見て「キラキラな瞳」で語りかけましょう。

赤ちゃんにとって「おっぱい」は食事です。赤ちゃんに「おっぱい」をあげる時は、必ず抱っこして、赤ちゃんの顔を覗き込んで、お話ししましょう。

例…「お母さんは〇〇を食べたよ。おっぱいの味はどうですか？」

3　ドーパミン…中枢神経系に存在する神経伝達物質で、運動調節、ホルモン調節、快の感情、意欲、学習などに関わる。

授乳をしながらのスマートフォンや携帯電話の操作は止めましょう。
赤ちゃんとの大切な「向かい合い」をはばんでしまいます。

人混みで、授乳場所が見つからないなど、特別な場合以外は、**授乳時に胸を布でスッポリ被わないようにしましょう**。赤ちゃんから、お母さんの顔が見えなくなってしまいます。大切な「赤ちゃんとの向かい合い」ができなくなるので気を付けましょう。

新生児の抱っこのしかた

　新生児は、まだ筋力が弱く、グニャグニャです。

　首が坐るまで（3〜4ヵ月くらい）は、抱っこする時には横抱きにして、背中と首を支えます。新生児期は、抱っこ紐に頼らずに、母親の腕で抱っこしましょう。母親の手で抱っこすると、「ぬくもり」が伝わり、信頼感を深めます。

　赤ちゃんとお話しをする時は、赤ちゃんの背中と首を支えて、縦抱きにして向かい合います。

事例1 「あなたの瞳に可愛い我が子が映っていますか？」

【Tくんの両親の手記】

　息子は、がまんすることが苦手で、一人で好きな所に行ってしまうし、呼んでも戻って来ないので、家では四六時中、息子が立てる物音までも気にしながら生活をしていました。こだわりも強く、「イヤ」なことには寝転んで拒むので、家では息子の行動に周りが合わせて生活をしていました。人と関わるのが苦手で、目も合いにくかったのですが、テレビやビデオを見せていると、じっと見ていられ、たくさんの歌やセリフを覚えました。また、スマホやパソコンは、教えなくても操作できるようになり、英語も覚えました。２歳半から幼稚園に通わせていましたが、集団生活に加われず就学前の一年「ゆうゆう」に通うことにしました。

　「ゆうゆう」に入園してすぐ、今井先生から「視線が合わないね。」と言われました。「T君の瞳にお母さんの顔が映るように、そらされても合わせ続けるようにしてね。」と、言われました。それからは、息子に話しかける時には意識して眼を合わせるようにしました。すると、眼が合った時には指示が通りやすいことが分かりました。

　入園前は、息子に「ママ…」と呼びかけられても、子どもの方を向くだけで、子どもの眼を見ていなかったことに気付かされました。入園して、「子どもに顔を向けるだけではなく、子どもの瞳の中に自分の顔が映るようにしっかり眼を合わせて、一緒に笑顔で楽しむことが大切なのだ」と、学びました。早速、「子どもと向かい合うこと」を意識して接するように心掛けました。

　笑顔で眼を合わせて、子どものかわいい表情を眼にし、子どもに「大好き」の気持ちを返すことで、さらに愛しく感じられるようになりました。「眼を合わせて笑顔を向けることで子どもは変わる！」「親が変われば子どもも変われるのだ」ということを知りました。

　入園から約１年たった今、息子は、呼べば戻って来られるようになり、笑顔が増え、目も合い、会話も続くようになりました。家族や友達ともコミュニケーションを楽しんでいます。

2 笑顔と笑い声を獲得させる

乳児期前半は、対人関係の土台がつくられていく重要な時期です。人との関係の中で「笑顔」と「笑い声」を獲得していく時期だからです。

「笑う」という力は、人間だけが持っている高度な力です。

「赤ちゃんが不快の時に泣く」そうすると「お母さんが関わって快の状態にしてくれる」これが繰り返される中で次第に赤ちゃんは、お母さんやおとなに「あやされると笑う」ようになります。

赤ちゃんは、「おとながあやすこと」で「笑顔」を獲得していくのです。笑顔と笑い声は「ことば」の土台となります。

生後3日〜4日

周期的微笑反応

まどろむような眠りの中にいる時に、時々ニコッと微笑みます。

まるで夢を見ているように見えますが、周期的な筋肉のほころびだろうと解釈されています。

生後2週間くらい

生理的微笑反応
（笑い声は出ない）

満腹になるとニッコリ微笑みます。

生理的な快と不快の感覚が分化していきます。

快＝気持ち良い
　（満腹になった）
不快＝気持ち悪い
　（空腹）。
不快になると泣いて訴えます。

生後6週〜8週

おはしゃぎ反応
（笑い声は出ない）

あやされた時（おとなが赤ちゃんの顔を覗き込むと）、赤ちゃんが視線を合わせて笑い返し、手足をバタバタ動かします。

※この時期は母だけでなく、誰でもあやしてくれれば反応します。

生後3カ月くらい

コミュニケーションの はじまり
（あやされた時に声をあげて笑う）

※首が坐り、喉が開放されて笑い声が出るようになります。

生後6カ月くらい

人見知りの始まり

自分にとって親しい人とそうでない人を区別できるようになり、知らない人を見たら泣きます。

生後8カ月くらい

後追いの始まり

ほかの人と違う「おかあさん」という認識が育ち、お母さんの姿が見えないと、泣いて「はいはい」で後を追うようになります。

　赤ちゃんが泣いてもお母さんやおとなが関わらないと、赤ちゃんは「泣いても無駄だ」ということを学習して、だんだん泣かない「サイレントベビー」になってしまいます。

　また、赤ちゃんに発達上の弱さがあると、「不快を感じて泣く」という力も弱く、「サイレントベビー」のような状態になることがあります。特に障がいのある子どもの場合は、昼間よく眠っていてあまり笑わないだけでなく、泣かないことがあります。泣かなくても放っておかずに、できるだけ笑顔を向けてあやしましょう。関わる努力をすることが大切です。

　たとえ弱さがあっても毎日笑顔であやしていると、笑い返せるようになり、弱さが軽減されていきます。

　赤ちゃんの健やかな成長のためには、お母さんの笑顔が欠かせません。

〈笑顔を獲得するために〉

　赤ちゃんが泣いた時にあやすのではなく、機嫌の良い時にあやします。あやす人が満面の笑顔を向けてキラキラな瞳で向かい合います。

　赤ちゃんが笑わなくても、赤ちゃんの視野の中にお母さんの眼が入るように笑顔を向けてあやしていると、よく目を見るようになります。

　生後6週～8週になると視線を合わせて笑い返せるようになりますが、この頃は、まだ笑い声は出ません。

赤ちゃんの眼に抱いた人の顔が映るようにしてあやします

※「くすぐって無理に笑わせる」ことは「あやす」ことではありません。

　首がすわると笑い声が出るようになります。あやす人が赤ちゃんを「可愛い！」「愛しい！」「大好き！」と思うと、ドーパミンが分泌し、瞳孔が開くので、目がキラキラ輝いて見えます。赤ちゃんは、その輝く瞳に反応し、はしゃいだり笑い声をあげたりするようになります。

　機嫌の良い時にあやすと機嫌よくあそべる子どもに育ちます。反対に、泣く度にあやしていると「泣けば抱っこしてもらえる」ということを誤学習してしまい、泣いてばかりいる手のかかる赤ちゃんになりやすいです。

「おしゃぶり」は不要

　「おしゃぶり」は、長期に使用すると乳歯の噛み合わせに悪影響を与えると考えられています。また、赤ちゃんは、口をふさがれるので発声ができず、笑い声の獲得にも、ことばの獲得にも影響がでます。

　「おしゃぶり」に頼らず、赤ちゃんが発声しやすいようにあやして、笑顔を向けて語り掛け、こころ穏やかな子どもに育てていきましょう。

❸ 夜の眠りを保障する

　生まれて間もない赤ちゃんには、昼夜の区別がありません。一日が24時間より数十分長い「生体リズム」を持っています。生後3～4ヵ月生活する中で、しだいに「一日は24時間」というサーカディアンリズムに移行していきます。この頃には、昼夜の区別がつくようになります。昼間長く起きているようになり、夜も長く眠るようになります。この時期にサーカディアンリズムにうまく移行できないと、昼夜逆転になってしまったり、夜泣きする赤ちゃんになったりしやすいです。

　「生活リズム」を朝型にし、昼間の活動を充実させるためには、生後3～4ヵ月になったら毎朝6時頃に起こす習慣をつけます。早寝させるためには早起きさせることが大切です。声をかけて目覚めたらおしめを替えて、水で濡らしたガーゼで顔を拭くとよいでしょう。

　赤ちゃんを夜型の親に合わせた生活をさせていると、赤ちゃんも夜型の生活になりやすく、それが夜泣きの原因にも繋がります。

　子どもには、おとなよりも多くの眠りが必要です。眠る前に**暗く静かにして**横になるとα波といわれる脳波が出て、眠りに入りやすくなります。更に、暗く静かな部屋で眠るとメラトニンというホルモンの作用でこころが穏やかになります。

　赤ちゃんのいる家庭では、夜は外出をさけ、赤ちゃんの頃から「夜になったら暗い部屋で寝る」という習慣をつけます。夜になってから赤ちゃんと一緒に外出をしたくても、親は、「がまん」をして、夜8時を過ぎたら赤ちゃんは外へ連れ出さないようにしましょう。赤ちゃんの頃に作られた「生活リズム」は、幼児期や学童期になっても影響します。

　夜更かしの母親から生まれた赤ちゃんは、新生児期から眠りが短く・落ち着きがなく・よく泣き・下痢などもしやすい症状のあることなどが報告されています。

　また、日中の運動量の不足が「夜泣き」の原因になることもあります。日中、赤ちゃんの機嫌の良い時に「うつぶせ遊び」をしたり、「赤ちゃん体操」をしたりして楽しく遊ぶと、夜、よく眠るようになります。

事例2 夜よく眠るようになった

【あおちゃんの母親の手記】

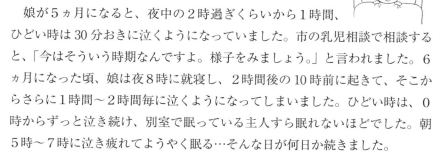

　娘が5ヵ月になると、夜中の2時過ぎくらいから1時間、ひどい時は30分おきに泣くようになっていました。市の乳児相談で相談すると、「今はそういう時期なんですよ。様子をみましょう。」と言われました。6ヵ月になった頃、娘は夜8時に就寝し、2時間後の10時前に起きて、そこからさらに1時間〜2時間毎に泣くようになってしまいました。ひどい時は、0時からずっと泣き続け、別室で眠っている主人すら眠れないほどでした。朝5時〜7時に泣き疲れてようやく眠る…そんな日が何日か続きました。

　姉に相談すると、「ゆうゆう」の今井先生を紹介されました。「娘はうつぶせで遊ぶこと自体は嫌がらないのですが、私の姿が見えると抱っこして欲しがってグズってしまうので、おもちゃ等で気を引いてうつぶせにさせて、私は姿を見せないようにしている。」と伝えると、先生は、「一緒に関わってあげなきゃダメよ！」と言い、

- あそぶ時は、抱っこして娘の眼を見て「これから『うつぶせ』になって遊ぼうね」等、笑顔で話しかけること。
- 「うつぶせ」にして、母親も「うつぶせ」になって向かい合い、「こんなに顔が上がったね〜！」など、声掛けをしてほめること。
- 泣き出した時は、「あと5秒だけね。5、4、3、2、1、頑張ったね〜」と、少し頑張らせてから抱っこして、笑顔でほめること。
- ほめかたは「上手」だけではなく、「できたね」などの達成感のあるほめかたにすること、などを教えてもらいました。

　その日から、教えてもらったやり方で一緒に遊んでみました。すると次の日、娘は「うつぶせ」のまま両手足をつっぱって自分の身体を持ち上げるようになりました。「すごい!!」とほめると、何度もなんどもやってみせてくれ、汗びっしょりになるほど、繰り返し続けてくれました。

　その日の夜、よほど疲れたのか、娘はすんなりと寝付き、夜中も1度泣いただけでした。その時もすぐに寝つき、朝までちゃんと眠ることができました。向かい合う「うつぶせ遊び」の効果は、抜群です。

❹ 授乳する時間を親が決め、与える時はゆったりと

〈「赤ちゃんが泣く度におっぱいを吸わせる」は、出産後数日のみ〉

　赤ちゃんは、「生まれたらおかあさんのおっぱいを吸う」というのが自然の営みです。ですが、おっぱいは、出産後すぐには出ません。赤ちゃんに乳頭を吸引される刺激で、だんだんに出るようになっていきます。生まれてから数日は、おっぱいもあまり出ないし、赤ちゃんもおっぱいをまだ上手に吸えないので、１回の授乳時間で満腹になるほど飲めません。ですから、出産後数日は、「赤ちゃんが泣いたらおっぱいを吸わせる」ようにして、おっぱいが出るようにしていきます。ゆったりとした気持ちで「赤ちゃんが泣いたらおっぱいを吸わせる」を繰り返していると、乳頭を吸引される刺激が母親の大脳を刺激して、プロラクチンというホルモンの作用でだんだんにおっぱいが出るようになってきます。「出ないから」と簡単に諦めてミルクに頼ってしまわないようにしましょう。

　出産後の数日は、お腹がすく度に赤ちゃんが泣くので、昼も夜も何度も授乳が必要です。お母さんは睡眠不足になりますが、赤ちゃんはお乳を飲む以外は寝ている時期ですから、赤ちゃんが寝たらお母さんも休むようにして睡眠不足を補いましょう。

　授乳を通して母と子の絆が結ばれていきます。赤ちゃんには人への信頼感が芽生え、お母さんにも母性愛が育っていきます。

初　乳

　出産後３～５日ごろまでに出る母乳を初乳といいます。初乳は、生まれた赤ちゃんのための特別なお乳です。胎便を排泄するための下剤成分も入っています。また、少量ですが、タンパク質や免疫物質が含まれています。

　初乳は、細菌やウイルスやアレルギーの原因物質の侵入も防いでくれます。無菌状態の子宮の中からいきなり雑菌だらけの外界に出てきた抵抗力のない赤ちゃんを病気から守ってくれる大事なお乳です。

〈授乳間隔は母親が決める〉

　「赤ちゃんが泣いたらおっぱいを吸わせる」は、おっぱいの出始めの頃の数日だけのことです。1週間くらい経つと赤ちゃんも飲むのが上手になり、1回の授乳で満腹になるまで飲めるようになります。満腹に飲めるようになると、授乳時間も3時間くらい間隔が空くようになり、3時間くらいを目安におおよその授乳時間を決めていくことができます。

　ところで赤ちゃんは、生後2ヵ月くらいになると賢くなり、「甘え泣き」を始めます。この頃には、「空腹での泣き」と「甘え泣き」との判断を付けられるように、お母さんが聞き分ける耳と目を養う必要があります。

　この時期になっても泣く度におっぱいを与えていると、「泣けばおっぱいが飲める」ということを誤学習し、1回の授乳時に満腹まで飲まなくなります。そのため直ぐにお腹が空くので、しょっちゅう泣いておっぱいを欲しがる赤ちゃんになりやすいです。単に「甘え泣き」なのに、泣く度に抱っこしておっぱいを飲ませていると、この「甘え泣き」が、生活全てに浸透してしまいます。ひどくなると、おっぱいを飲んで眠っても布団で寝られず、抱っこしたままでないと眠らない赤ちゃんになってしまいます。

　赤ちゃんに振り回されないようにするためには、授乳時間は母親が決めます。「甘え泣き」であれば、ほんのちょっとだけ「がまん」をさせ、耐性をつけていきましょう。「1回の授乳時間に満腹まで飲み、次の授乳時間まで待つ」ということを教えることが、子どもに「がまんする力」をつけるための第1歩です。

母乳の利点
- 赤ちゃんの発育に合わせた成分で、人工的にはまねができない。
- 赤ちゃんを丈夫にして、病気から守る。
- 舌の使い方が自在になり、ことばの滑舌にも繋がる。
- 脳やアゴの発育を高め、歯ならびがよくアゴがしっかりする。
- おっぱいのぬくもりが人間関係の基礎をつくる。
- 産後の子宮回復を早め、手がかからずに経済的。

```
                    ┌─ 授 乳 法 ─┐
                    └───────────┘
                    ↙         ↘
        ┌─────────────┐   ┌─────────────┐
        │ 母親主導の授乳法 │   │ 子ども主導の授乳法 │
        └─────────────┘   └─────────────┘
```

母親主導の授乳法

- テレビやメールでなく、赤ちゃんを見る。
- 満腹になるまで、ゆったりと飲ませる。

↓

決めた時間に授乳をする。
（授乳間隔3〜4時間）

↓

赤ちゃんがちょっと泣くこと（2〜3分）は、良い運動です。「がまんや辛抱する力」のトレーニング期です。

→「よくがまんできたね」と抱きしめて、優しいことばと笑顔でほめる。

↓

社会性、適応性のある「がまん強い子ども」に育つ。

子ども主導の授乳法

赤ちゃんが泣くたびに、おっぱいを飲ませる。

↓

30分か1時間しないうちに直ぐにおっぱいを欲しがって泣く。

↓

母親は夜も眠れず育児ノイローゼになりやすい。

↓

自己抑制力（「がまんする力」）が育たずに「すぐにキレる子ども」になりやすい。

事例3　授乳時間は親が決める

【Oくんの母親の手記】

　息子が生後2ヵ月頃まで、泣く度に母乳をあげていました。保健師さんからも「それで大丈夫だ」と言われていたので、授乳間隔は全然意識せずに「赤ちゃんが泣いたらおっぱいを吸わせる」という生活をしていました。ですからよく泣いて、しょっちゅうおっぱいばかり飲む子でした。今井先生から「生後2ヵ月くらいになったら1回の授乳時にしっかり授乳すれば3時間くらい空けても大丈夫」と教わり、それからは意識して時間を空けてみました。

　息子に「今日からおっぱいは3時間空けるよ。」と声をかけて、いざ実践。授乳中はしっかり飲めるように落ち着いた雰囲気の中でゆっくり飲ませるようにしました。最初の日、息子はいっぱい飲んだにもかかわらず1時間経たないうちにグズり出しました。いつもはそこで直ぐにおっぱいを飲ませてしまうのですが、息子の気をそらせたり散歩をしたりして時間を過ごしました。すると思っていたよりもグズリも少なく、次の授乳時間（約3時間後）まで待つことができました。数日で息子にも授乳のリズムがわかってきたようで、以前のように「わけのわからない泣き（甘え泣き）」が無くなりました。リズムができてからは泣き方にも変化が出てきて、「眠い」とか「お腹が空いた」とか、泣き方で要求が分かるようになりました。体重も増えているので、よく飲めているようです。

　授乳間隔を空けて「生活リズム」がついてくると育児が楽になったように感じます。「3時間は空ける！」と意識し過ぎず、親がゆったりした気持ちを持ちながら授乳することと、赤ちゃんの「甘え泣き」に振り回されずに「2～3分であれば泣いても待たせる」と、親が意思をしっかり持つことで授乳時間が空けられるようになりました。

　授乳間隔が空けられるようになると、「次の授乳は○時くらい」など、生活の見通しもつき、家事も以前より楽にできるようになりました。少しですが自分の気持ちにも余裕を持てるようになりました。

5 離乳食を手作りする

「離乳」というのはお乳を止めることではありません。母乳だけでは足りなくなった栄養を補うという大切な役割があります。赤ちゃんが食べた物で赤ちゃんの体が作られ、育っていきますから手を掛け、愛を込めて「離乳食」を手作りしましょう。

離乳食を手作りするお母さんの工夫や努力する姿は、赤ちゃんにも伝わります。そうして手を掛け愛されて育った子どもは、工夫や努力をできる子どもへと成長していきます。

赤ちゃんが5ヵ月前後になると周囲の人が食べている時に、一緒に口をモグモグしたり、じっと眺めたりするようになります。食べることに関心が高まった証です。そのような頃を見計らって重湯1さじから始めます。

離乳食を開始する目安

- 他の人が食べている時に口をモグモグする。
- 他の人が食べている時にじっとながめる。
- 首のすわりがしっかりしている。
- 支えてやると、座れる。
- 便の状態が良い。

赤ちゃんはすぐれた味覚を持っています。
調味料を使わずに、素材そのままの味からスタートしましょう。

食物アレルギーのある赤ちゃんは、食べた後に口の周りや皮膚に変化が現れます。初めて与える食材は、午前中に与え、アレルギーがひどいときには病院で受診できるようにしましょう。

〈離乳食がすすまない時には…〉

諦めないで！

「おいしいね〜」と、言って食べてみせます。

最初は、重湯から。果汁や甘い物は与えません。

　初めておっぱい以外の物が口に入るのですから、赤ちゃんはビックリして口から出すこともあります。1回目でうまく飲み込めなくても諦めずに笑顔を向けて食べさせてみましょう。しつこすぎてはいけません。最初は5分くらいで終了しましょう。

　赤ちゃんが重湯を嫌がるからと果汁など甘い物から与えると、甘くて口当たりの良い物だけを食べるようになりやすいです。野菜もニンジンやカボチャなど甘い物を好み、ジャガイモやキャベツなど甘味の薄い物は口から出すこともありますが、これは赤ちゃんがすぐれた味覚を持っている証です。甘味の薄い物から始めましょう。5〜6カ月の赤ちゃんの舌は前後にしか動きません。口先よりもほんの少し中に入れて、口の中でモグモグできるようにしていくと口から出さずに食べられます。

　1歳前（離乳食時）になるべく多くの食材の味を教えておきましょう。食べ慣れた食材は幼児期になってからもよく食べます。

　市販の離乳食は味が固定されてしまいます。持って生まれた赤ちゃんのすぐれた味覚も育ちません。手作りの離乳食には時間をかけたことによるお母さんの愛がいっぱい入っています。食事と一緒にお母さんの愛も与えられ、こころもからだも健やかに育ちます。

　「こだわり」の強い子どもの場合は、赤ちゃんの頃から好き嫌いが極端です。食事では、緑の野菜を嫌うことが多いです。野菜は嫌がるからと好む食べ物ばかり与えていると、幼児期になってから偏食になりやすいです。偏食が物への「こだわり」にも繋がります。逆に、何でも食べられることが「こだわり」を減らすことに繋がります。離乳食の頃からいろいろな野菜を食べさせて「こだわり」を作らせないようにしていきましょう。

〈「手づかみ食べ」はさせずに、スプーンを持って食べさせます〉
　離乳食は、スプーンやフォークを持たせて食べられるようにしていきます。人間は、道具を使える高度な脳を持った動物ですから食事時も、スプーンやフォークなどの道具を使うようにします。
　赤ちゃんに任せると、手づかみ食べをしたがりますが、赤ちゃん任せにせずに、親が離乳食の時から食べ方を教えましょう。
　「手づかみ食べ」をさせなくても「はいはい」をたくさんすれば手指は器用になります。はうと握る力も付き手首の返しも良くなるので、スプーンを口に運び、手首を返して口の中に食材を入れるのも上手になります。

事例4　格闘した食事から楽しい食事に

【いっくんの母親の手記】
　うちの息子は離乳食を始めた頃は、私がスプーンで口に運べばすんなり食べていました。ところが、9ヵ月になると食事中に左手が出てくるようになりました。おかゆのねちょねちょしている感触が面白いようで、握ってはグーパーを繰り返しています。私は、「ダメ、ダメ！」と言いながらおかゆを触られないようにしたり、急いで食べさせたりしていました。息子はおかゆを触りたくて、遠ざけられると怒って泣いて食べなくなり、泣き止んだら再開するので、食べきらせるのに時間がかかり大変でした。
　ある日の夕飯時、左手にもスプーンを持たせてみました。右手にはお粥やおかずをすくったスプーンかフォークを持たせ、順番に食べさせました。私もスプーンを持って、口からこぼれるのを入れ直しました。すると、左手のスプーンを離すことなく、おかゆを触ることもありませんでした。ぐずることなく食べきることができ、かかった時間も10分程度でした。
　翌朝も同じように食べさせると、スムーズに食べ終わることができました。私も笑顔で「おいしいねー。」と言いながら余裕を持って食べさせることができ、離乳食を食べさせる時間もストレスも解消できました。

6　布おむつを使う

　赤ちゃんは、生後2週間くらい経つと、生理的な快＝気持ち良い　不快＝気持ち悪い　という感覚が分化してきます。「ほほ笑むこと」で快を、「泣く」ことで不快を表現できるようになります。

　お腹がすいた時、眠い時、おむつが濡れた時には「泣く」ようになります。赤ちゃんがおむつの濡れを感じるように、おむつは紙おむつではなく布おむつにしましょう。布おむつは使いたいけれど洗い物が大変、という人には紙おむつの中に1枚布おむつを入れることをお勧めします。

ア

紙おむつと布おむつ1枚（縦に半分に折り、横に半分に折る）を用意します。

イ

紙おむつの上に布おむつを重ねます。

ウ

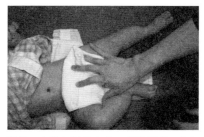

赤ちゃんのお尻におむつを当てて、布おむつの方が長いので、男の子は前を、女の子は後ろを折り返して調整します。

エ

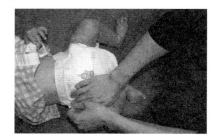

紙おむつで布おむつを被います。

紙おむつをおむつカバー代わりにします。おしっこが出たら、中の布おむつだけを替えればよいので、紙おむつは何回も使えます。赤ちゃんの皮膚には乾いたおむつが触れるので、濡れると不快を感じられます。
　布おむつの洗濯は、トイレの水を流しながら洗い、その後洗濯機に入れます。
　「はいはい」ができるようになった10ヵ月頃からは、昼間「おむつ」をはずします。時間を決めてオマルに座らせましょう。オマルでできるようになったらトイレに補助便座をつけ（写真）、座らせます。

　オマルの上の部分が補助便座になります。座らせている間はおとなが目を離さないようにしましょう。

〈時間排泄の進め方〉

　下図のように動作の切れ目には、オマルや補助便座に座らせましょう。

（▼は座らせる時間帯）

6:00	7:00	9:00		12:00	15:00		18:00	20:00
起床	朝食		昼寝	昼食	昼寝	おやつ	夕食	就寝

　朝めざめた時・食事の前後・運動の前・昼寝の前後・夜眠る前に座らせます。おもらしをしてしまった時には、すぐにはき替えます。「濡れたら気持ちが悪い」と不快を感じられるようにしてあげましょう。
　最初はよく失敗をしますが、しつこく誘わないように気をつけましょう。オマルから降ろしたとたんにおしっこが出てしまうこともありますが、諦めずに誘っているとオマルでできるようになります。おしっこができた時には満面の笑顔で抱きしめてほめましょう。
　時間排泄ができるようになっても、事前に尿意を伝えることはできません。「できた時にほめる」を繰り返すことが事前告知の近道です。

〈排便定着のために〉

　赤ちゃんが3回食を食べるようになると、便が形になってきます。赤ちゃんは食べればすぐに出るので、食後に毎回座らせていると「排便はオマルでする」ということが定着できるようになります。

〈食後にオマルに座らせる習慣づけのしかた〉

・座らせたとたんに泣き出して、座っていられなかったり、すぐに立ち上がったりしてしまう場合は、手遊びや、歌、好きな絵本を読むなどでオマルに座ることに慣れさせます。慣れたら手遊びや絵本は終了します。

①泣いてオマルに座れない時は…

②子どもが好きな手遊びや、歌、好きな絵本を読んであげましょう。

たとえ泣いていたとしても、オマルに座っていられたことを抱っこと笑顔でほめます。

　「オマルに座ったら、ほめられる」をくりかえし学習する中で、オマルに座って排泄できるようになります。

事例5　オマルに座れるようになった

【Yちゃんの母親の手記】

　娘が1歳の時に今井先生に出会いました。その日まで、娘のオマルトレーニングは、まだ早いと思っていましたので、娘には紙パンツをはかせていました。今井先生から、子どもが座位を保てるようになったらオマルトレーニングをした方が良いと聞き、その日から挑戦しました。

　最初娘は、慣れないオマルに座ること自体が嫌で、すぐ降りたがり、泣いてばかりいました。今井先生から座るのを嫌がった時の対策も教えてもらっていたので、オマルに座った際に手遊びや歌であやしたり、好きな絵本を読んであげたりしました。毎回こうすることで、娘に「オマルに座ることは嫌なことではない」ということを教えました。

　オマルトレーニングの時間も決めて、朝目覚めた時、毎食後、昼寝から目覚めた時など、決まった時間に一日数回オマルに座る習慣をつけました。それと並行して、おとなの真似が好きな娘に、実際におとながトイレに座って用を足す姿を見せたりもしました。

　決まった時間の他にも息張るような仕草をした際など、タイミングを見計らいオマルに座らせるようにしました。結果、オマルでおしっこだけでなく、うんちも成功しました。

　娘は、ほめるととても嬉しそうに、自慢そうな顔を向けてきました。それからも成功したり失敗だったりの繰り返しでしたが、オマルでの成功も増え、日中はパンツで過ごしています。現在、1歳5ヵ月になりましたが、オマルからトイレでの補助便座に移行しています。

おむつから　→　パンツに　（昼間だけ）

　自分で座位がとれるようになる 10ヵ月頃 が適当です。
　パンツにすると、腰の動きが開放され、赤ちゃんが自由に動けます。
　パンツにしてもよく失敗をします。時間排泄を促しながら成功した時にほめていれば、少しずつ失敗が減っていきます。

7 「赤ちゃん体操」を毎日楽しみながら継続する

　生後１ヵ月半くらいから「赤ちゃん体操」を始めましょう。毎朝６時ごろに、水で濡らしたガーゼで顔を拭きます。その後、おむつを替えてから「赤ちゃん体操」をし、おっぱいを飲ませる、というように、一日のスタートを一定にしておくと「生活リズム」もつきやすくなります。

　「赤ちゃん体操」をすると、血流やリンパの流れが良くなります。また、赤ちゃん自身で少しずつ運動ができるようになります。運動機能や反射機能の発達をうながすようにします。「あやしあそび」と位置付けて、楽しくおこなうようにしましょう。

　赤ちゃんは、２ヵ月くらい経つと「甘え泣き」をするようになりますが、お母さんが笑顔を向けて「赤ちゃん体操」を続けていると泣かずに楽しめるようになります。

「赤ちゃん体操」の目的

・首のすわり、寝返る、はう、座る、立つ、歩行などの運動機能の発達を促す。
・緊張をほぐし、気持ちを安定させる。
・自律神経や感覚神経や末梢神経を刺激し、抵抗力や免疫力を高める。
・血液循環を良くし、運動機能や反射機能の発達を促す。
・関わるおとなとのスキンシップを図り、絆や愛情を深め、信頼関係を築く。

　日中に「赤ちゃん体操」をする時は、おむつを替えておっぱいを飲ませ、30分くらい経ってから始めます。おっぱいを飲ませた直後にすると、おっぱいを吐いてしまうことがあるので気を付けましょう。

※ここで取り上げる「赤ちゃん体操」は、河添邦俊氏が東北福祉大学勤務時、1976年に療育の場として発足した「なのはな共同保育園」で「なのはな体操」として保育者・研究者達と一緒に考案したものです。うたを歌いながら行う体操です。

「赤ちゃん体操」は、心臓から遠いところからはじめます。
「あおむけ」から「うつぶせ」の順に、うたを歌いながらおこないます。

〈あおむけ〉

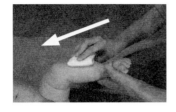

バスタオルを敷いて寝かせます。

ガーゼでマッサージをします。
足首からからだの中心に向かって
優しくこすります。

ア）全身の脱力

・両足首を床すれすれの高さで持ち上げ、左右に細かくゆらします。

※「金魚」のうたを歌いながらゆらします。

イ）足指のマッサージ

（a）足の指の付け根を小指側から親指に向かい順番にもみほぐし、次に親指から小指側に向かい軽く指を引っ張ります。

（b）手で5本の指を包み込むようにして倒し、「土踏まず」を上から下に向かい、親指で圧を加えます。

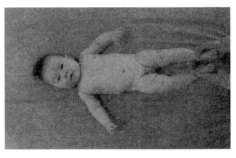

※体を細かく揺らすことで背骨を中心に子ども自身がバランスをとるようになる。

（a）　　　　　（b）

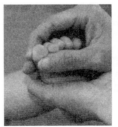 

※足裏を刺激することにより、歩く時につま先が使えるようになる。

ウ）足首の運動

(a) 片方ずつ足首をまわします。

(b) 両足首を内側と外側へ、ゆっくりと倒します。

※ふくらはぎの伸縮の働きを促進し、足裏でしっかり立てるようになる。

※赤ちゃんが好きなうたを歌いながら進めていきましょう。

※アキレス腱を伸ばすことで膝が伸びるようになる。

エ）脚全体の運動

トントン

・トントンと両脚を揃えてパッと開脚します。

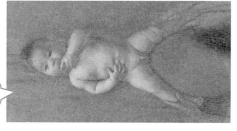

パッ

※脱力しながら開脚することで外・股関節の可動範囲を広げる。

オ）膝の運動

・膝を腹部に向けて、ゆっくり曲げます。
右足、左足、両足の順序で曲げます。

※腹部まで深く曲げることで腹圧がかかり、腸刺激することで大便の誘発と足の付け根の柔軟に良い。

カ）腰の運動

・片方の膝を曲げ、もう片方は伸ばした状態で右足は左へ。左足は右へと腰をひねっていきます。

※腰をひねっていくとき反対側の肩が上がらないように手で押さえます。

※腰の裏側の筋肉を動かすことにより、腰の回転運動と、足の付け根のストレッチに役立つ。

キ）開　脚

・赤ちゃんの両膝を持ち、曲げてから、ゆっくり左右に足を開きます。

※無理に開かないように気を付けましょう。

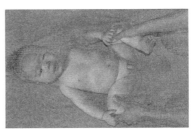

※大腰筋・腸腰筋の伸収縮を促す。

第1章●乳児期につける力　039

ク）お腹のマッサージ

- 赤ちゃんのおへその上に、お母さんの両手を乗せて、ゆっくりと「のノ字」を書くように、お腹をマッサージします。

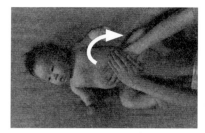

※マッサージにより、腸の働きを促す。

ケ）腕の運動　その1

- 赤ちゃんの小指側から、お母さんの親指を入れて握らせます。

（a）握らせたまま、両腕を交差します。
（b）次に、両腕を左右に開きます。

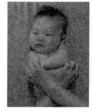
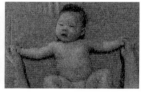

※腕を交差することにより肩甲骨が開き、腕を開くことで胸が広がる。

腕の運動　その2

- 赤ちゃんの両腕を、脇の下から肘に向けて、おとなの手で上下にさすりながらマッサージして、赤ちゃんの腕を少しずつ上に伸ばしていきます。

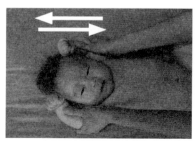

※「縮んでいる腕を上に伸ばす」ということで、腕の可動範囲が広がる。

〈うつぶせ〉

赤ちゃんが好きな歌を歌いながら進めていきます。

ア）脚全体の運動

- （a）両足を細かく揺らします。次に、足の甲を支え、足の裏を軽くトントン叩きます。
- （b）次に膝を右足、左足、両足の順でゆっくり曲げます。

（a）

（b）
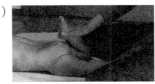

※太もも前側の筋肉の伸ばしと足首の柔軟に良い。

イ）腕の運動

- 肩の付け根を支えながら腕をゆっくりと回します。

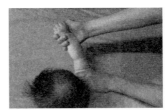

※肩の関節と肩甲骨の柔軟性に良い。

ウ）背・胸の運動

- 上体そらしはおとなの力で無理に引っ張らず、手を添えるだけにします。
- 本人が自分の力で反るようにします。

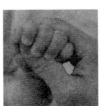

〈手の握らせ方〉
おとなの親指をあかちゃんの小指側から握らせ、赤ちゃんの手首を支えます

※反ることで腹筋を伸ばして、腰廻りが大きく使えるようになる。

エ）手押し車（首がすわったら）

- おとなが赤ちゃんの両脚を持ち、赤ちゃんが両手を床に着け、手の力で前進できるようにします。
- 赤ちゃんの体が床と平行になるようにしましょう。
- 初めは胸まで支えます。月齢が進み、赤ちゃんの腕に力がついてきたら、支える手を胸からお腹の方に下げていきます。

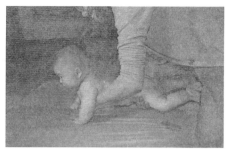

※肩関節の強化。肘の安定。掌の開き。腹筋・背筋の強化に良い。

最後はごほうびの抱きしめ
体操が終わったら抱きしめて「大好き」を伝えましょう。

「赤ちゃん体操」の留意点

　赤ちゃん体操をしようとしても、赤ちゃんが泣いて「あおむけになってくれない」という場合は、普段の生活の中で気づかないうちに赤ちゃんに振り回されていることが多いです。初めは、赤ちゃん体操を全てやろうと思わずに、「あおむけ」にして、好きな歌を歌いながら、ア）の「全身の脱力」だけやってみましょう。
　赤ちゃんが泣いても「気持ちよかったね」と、笑顔で抱っこしてほめると、徐々に嫌がらずに「あおむけ」になれるようになります。
　「やらせる」ではなく、笑顔を向けて「楽しむ」気持ちを忘れずに少しずつ増やし、毎日続けましょう。赤ちゃんは、お母さんの笑顔が大好きです。「体操が終わったら満面の笑顔で抱きしめてもらえる」という体験が「赤ちゃん体操」大好き！に繋がっていきます。

※の解説部は、整体師　茂木勢持さんによるものです。

8 首がすわったら機嫌の良い時に「うつぶせ」にして遊ぶ

〈「うつぶせ」の効果〉

ア）首の立ち直り、首のすわりが良くなります。
イ）呼吸器系が育ち丈夫になります。
ウ）飲み込む力が強くなり、5～6ヵ月になってからの離乳食もスムーズに進みます。
エ）呼吸器が開放されて声が良く出るようになります。1歳を過ぎてからのことばの獲得にも影響します。
オ）手指にも筋力がつくので、器用な手が育ちます。
カ）歩行までに必要なからだ全体の筋力が育ちます。
キ）全身運動なので、夜よく眠れるようになります。
ク）歩き始めてから転ばなくなります。
　この時期に「うつぶせ」が不足すると幼児期、学童期の「運動」に影響し、鍛えるのに時間を要します。

〈「うつぶせあそび」のさせ方〉

　機嫌の良い時に、5秒くらいから始めます。

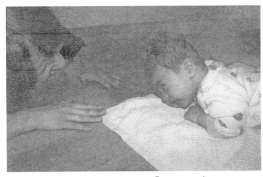

生後2ヵ月児の「うつぶせ」

最初は5秒くらいで抱っこして、できたことをほめます。

ア）赤ちゃんの手が胸の前にくるように「うつぶせ」にさせます。
イ）お母さんは、赤ちゃんの前に「うつぶせ」になります。
ウ）名前を呼んで赤ちゃんが首を上げられるように応援します。

「よく頑張ったね！」と抱っこして、笑顔でほめます。

　機嫌の良い時を見計らって毎日数回ずつ「うつぶせ」にしましょう。繰り返していると、筋力がつきます。また、生後2ヵ月くらいから、「甘え泣き」が始まります。その頃に「うつぶせ」を嫌がり泣くことがありますが、たとえ泣いてしまっても、5秒くらい「がまん」させて抱っこして頑張ったことをほめるようにします。抱っこしてほめられると泣かずに「うつぶせ」ができるようになります。

　「頑張ったことを笑顔でほめられる体験」を重ねると、「筋力」と「がまんする力」がつきます。5秒から10秒、20秒にと延ばすことで「うつぶせ」姿勢を長く保てるようになります。泣かずに保てる時間の長さに比例して「首のすわり」がよくなり、顔がしっかり上がるようになります。

> 乳児期は「うつぶせ」にして全身の筋力をつけていく大切な時期です。
> 機嫌の良い時を見計らって「うつぶせ」の機会をつくっていきましょう。

> 「うつぶせ」は、簡単にできる全身運動です。

> 機嫌の良い時ならば一日に何回でも大丈夫です。

> 床に「うつぶせ」にした途端に泣き出したら、5秒くらいで抱っこして、泣いたとしても「がまんできた」ことを笑顔と抱っこでほめます。

※「うつぶせ寝」は危険です。寝かせるときは「あおむけ」にします。

❾ 「はいはい」を十分に行う

「はう」と、随意筋[4]が育ちます。「はいはい」は、全身の骨格筋を使うので、血行をよくします。また、骨格筋を使うことにより、脳幹部の網様体を刺激し、大脳の働きを高めます。

胸の骨格筋も育つので、呼吸力が高まり、声が出しやすくなります。更に、首をあげることにより、注視力や平衡機能、姿勢反射も育てます。手指の働きも滑らかに力強くなるので、ことばの獲得にもつながります。

〈「はいはい」のポイント〉
・手指と手のひらが開いているか。
・首を起こして前を見ているか。
・足の親指で床を蹴っているか。
・手足を左右交互に動かしているか。

〈「はいはい」のさせ方〉

ア）1mくらい離れた場所で待ちます。

イ）泣いても、はって来るまで待ちます。

ウ）お母さんの所まで来たら満面の笑顔と抱っこでほめます。
※最初は1m位の距離から始めます。来ることができたら2m・3mと徐々に距離を増やしていきます。

4　随意筋…手・足など自分の意志で自由に動かせる筋肉。

事例6 「はう運動」の大切さ

【指導員の手記】

　私は現在保育士として働いています。26歳になった今、「河添理論」に基づく早起き・早寝の「生活リズムの確立」と、「はう運動」を基にした身体づくりの大切さを痛感しています。

　私は、子どもの頃運動がとても苦手でした。小さな頃から、とにかくよく転び、脚は常にアザだらけでした。運動能力が他の子よりも劣っていて苦手意識が強く、体育の授業が大嫌いでした。走る時も、転んだ時の衝撃を想像すると怖くて、力いっぱい全速力で走ることができませんでした。友達に協力してもらって休み時間のたびに一輪車乗りの特訓をしたこともありましたが、1年間練習しても結局乗れませんでした。他にも、球技が苦手、腕立て伏せができない、鉄棒の逆上がりもできないなど、運動に関してはできないことだらけでした。

　「ゆうゆう」に勤め、「はう」と、転びにくい体になること、バランスが取れるようになること、胸筋や二の腕の力や握力がつき手指が器用になること、咀嚼力がつき滑舌が良くなることなど、「はう」ことの重要性、「はう」ことで育つ力を目の当たりにしてきました。それと同時に、私が運動を苦手なのは、赤ちゃんの頃に「はわなかった」ことが原因なのではないかと強く思うようになりました。

　私が赤ちゃんの頃、「はわなかったこと」と「運動が苦手で転びやすかったこと」は深く関係しているのだと思います。ボールが苦手だったのも、筋力が弱かったため身体をうまく動かせず、ボールを受け止める・投げる動作が苦手だったのではないかと振り返ります。

　子どもの頃よく転んでいた私は、おとなになってからも何もない所でつまずくことが多くありました。しゃがんで姿勢を保つこともできませんでした。しかし、「ゆうゆう」で子どもたちと一緒に毎日「はう運動あそび」をするようになると、つまずくことがなくなり、しゃがめるようにもなりました。腕立て伏せも2回ぐらいできるようになりました。「はうこと」と、日々の積み重ねの大切さを感じています。

10 絵本の読み聞かせをする

　乳児期から絵本を読み聞かせましょう。座位が安定して、おとなの指さしたものを見る力（三項関係[5]）がしっかりしてきたら、膝にのせて子どものよろこぶ絵本を読んであげましょう。赤ちゃんは目（丸いもの）に反応しますから、初めは絵だけのもの、または文字の少ない絵本から始めます。絵本には絵と共に、その限られた文字数の中に作者のたくさんの想いがこもっていますから、乳児期には絵本の文字を忠実に読みます。

　赤ちゃんの頃から心地良い響きとしてたくさんの語彙を耳から吸収しておくと、幼児期になってから語彙がどんどん増えていきます。

〈絵本の読み方〉

膝に抱っこしながら読みます。

滑舌よく、読み手の楽しさが伝わるように感情や表現を豊かに演じます。

絵本の文字を忠実に読みます。ことばを加えてしまわないようにします。

そのページを読みきれないうちに、子どもがページをめくる時は、めくらせてしまわないよう、そっと手を重ねて止めて読み切ります。

5　三項関係…「子ども」と「おとな」と「第三者（又は物）」という関係のこと。

絵本は、運動した後や寝る前など、落ち着いた時間に読んで聞かせます。毎日同じタイミングで読み聞かせていると「生活のリズム」ができます。同じ本でも構いませんが、多様な本を読んだ方が、より多くの語彙の獲得につながります。また、絵本の中で疑似体験もでき、こころが豊かに育ちます。読み聞かせは親子の大切なコミュニケーションの時間です。読むときには、おしゃべりをしているような調子で優しく語りかけましょう。

〈子どもがどんどん絵本をめくってしまう時〉

　読んでいるおとなが、めくろうとする子どもの手を優しく止めます。
　「まだ読んでいるんだからダメ」などと言わなくても、めくらせないように手を止めれば大丈夫です。ニッコリ笑いかけ、続けて読んでいれば、「読みきるまで聞く」ということを学習します。
　繰り返すうちに、勝手にめくらなくなります。

―― 絵本の選び方 ――

0歳〜1歳前後
　リズミカルな言葉でくり返し語られているもの
　身近なもの（食べもの、のりもの、動物）が描かれているもの
　1ページごとが独立して楽しめるよう工夫されているもの
2歳前後
　簡単なストーリーが楽しめるもの
　1ページに2行か3行くらいの文で、リズミカルなもの
3歳前後
　物語性のあるもの
　子どもが興味を示すもの

※幼児期には、ことばのやりとりをしたり、物語を発展させていったりするなど、子どもの自由な発想を引き出していきます。絵本を通して、ことばのひびきやここち良さにふれ、お話の世界を一緒に楽しみましょう。

② 赤ちゃんの「甘え泣き」には振り回されない強い意志を持つ

　赤ちゃんの要求は本能的なもので際限がありません。おとながその欲求を制限しないと、赤ちゃんは「がまんする」ということを身に付けないまま成長してしまいます。
　乳児期は、おとなが赤ちゃんに、「ほんの少しだけがまんすること」を教えていかなければならない大切な"トレーニング期"です。
　「がまんする力」は、乳児期から教えはじめないと、学童期になってからでは、なかなか獲得することができません。乳児期に培われたものは、その人の根幹をつくります。その頃に獲得したことは、良い面も悪い面もその人を形作っていきます。この頃に誤学習したことは、後で修正するのは難しく、たくさんの時間と働きかけが必要になります。

❶ 「泣くこと」は、月齢とともに意味を伴っていく

　健康な赤ちゃんは、生まれて直ぐにうぶ声をあげて力強く泣くことができます。赤ちゃんにとって泣くことは全身運動です。また、「泣く」ということは、月齢とともに意味を伴っていきます。
　赤ちゃんは、生後2～3週間経つと「泣く」というサインで「不快＝気持ち悪い」を訴えるようになります。生後2ヵ月くらい経つと「甘え泣き」が始まり、「泣くこと」で、いろいろな要求をするようになります。「甘え泣き」なのに、赤ちゃんが泣いたからと、そのたびにおとなが抱っこしてあやしていると、しょっちゅう泣く赤ちゃんになってしまいます。赤ちゃんは、泣くことにより、おとながどう対応するか学んでいます。「泣いたら、すぐ抱っこしてもらえた」と学習してしまうことが幼児期になってからの「わがまま」に繋がっていきます。

赤ちゃんの泣き

不快を訴える泣き
（生後2〜3週間くらいから始まる）

- 空腹
- おむつの汚れ
- 暑い寒い等

不快を取り除く。

- おっぱいを飲ませる。
- おむつを替える。
- 衣類調整をする。

機嫌が良くなる。

甘え泣き
（生後2ヵ月くらいから始まる）

2〜3分待たせて、待てたことを笑顔と抱っこでほめる。

泣くたびにすぐに抱っこをする

機嫌の良い時に笑顔で抱っこしてあやす。

わがままでよく泣く子になる。

「がまんする力」が育つ。

親を叩くようになることもある。

事例7 「甘え泣き」がなくなった

【しーちゃんの母親の手記】

「言葉でうまく伝えられないうちは泣く。泣くことで要求を伝えようとする」育児書等でよく目にする文言です。「ゆうゆう」入園までは、本当にこの「甘え泣き」に翻弄されていました。仰向けにしても嫌がって泣くので、うつぶせにする、それでも激しく泣く。泣き止ませるのに長時間抱っこし続け、下ろそうとする度に泣き出す。当然家事はたいしたことは何もできずひどい状態でした。それが育児というものだと思っていました。

「ゆうゆう」への通園がはじまり、初の夫婦面談で「過保護です。親が主導権を持ち、子どもの甘え泣きに振り回されないようにしましょう。」と言われました。

「しーちゃんは、泣けば抱っこしてくれる、泣いたらやらなくて済むって学習しているんだよ。」と先生に言われ、泣いても抱っこしないようにしてみようとしました。けれど泣き止みません。だんだん激しくなってギャン泣きに変わるだけでした。これでは落ち着かせて泣き止ませるのに時間と労力が増えてしまいます。そこで「親が主導権を握る」が重要だと気づきました。先生方の対応の中に大きなヒントがあるように思いました。

「親が主導権を握る」の方法の一つは、やるべき次のことを事前に伝えておく。できた時には、すぐに「笑顔で抱っこ」でほめる。遊びなどの区切りには「あと一回あそんだら、帰ろうね。」「これが最後だよ。」と、次の行動を先に提示してやり、納得させてから、最後の一回をスタートします。

私も真似てやってみました。たったこれだけのことですが、止めれば泣いていた娘が、うそのように、ニコニコしながら「楽しかった。もうおしまい。」と、納得して止められるになりました。「楽しかったね。また今度来ようね。」私も心の中から自然と笑顔になれました。

〈「甘え泣き」の時の対応〉

　「甘え泣き」の見極めは、例えば、抱っこしていたらご機嫌なのに、布団に下ろしたら泣き、再び抱っこしたら泣き止むなどです。このような場合は、赤ちゃんに「ほんの少しのがまん」を教えていきます。

> 子どもに「がまんさせる」ということは、親自身も「がまんする」ということです。

　赤ちゃんが機嫌の良い時（おしめを換えて、おっぱいを飲ませた後など）を見計らって、「タオル1枚干すまで待っててね」と言って待たせます。1枚干したら戻って赤ちゃんを抱っこして、満面の笑顔で待てたことをほめます。たとえ泣いていたとしても待てたことをほめます。

　これを繰り返しながら、待てたことをほめていると、「待っててね」と言えば、少しの時間は泣かずに待てる赤ちゃんになります。初めは1枚だけ干すことから始めて、泣かずに待てるようになったら2枚、3枚と増やしていきます。おとなが自分の言った通りに約束を守ることが大切です。

　「1枚」と言ったのに機嫌が良いからと3枚とか5枚とか欲張り、赤ちゃんが泣くまで待たせると、親の言ったことばを信じなくなり、待てずに泣く赤ちゃんになりやすいです。

　また、赤ちゃんが泣く度に抱っこしてあやしていると、「泣けば、すぐに抱っこしてもらえる」ということを誤学習してしまいます。「甘えたくて泣いたら、抱っこしてあやしてもらえた」という学習は、幼児期になり「泣けばおとなは意のままに動く」という誤学習に繋がっていきます。「甘え泣き」に振り回されていると、やがて親を叩いたり引っ掻いたりする子どもになりやすいですから気をつけましょう。

　泣いた時に抱っこしてあやすのではなく、赤ちゃんの機嫌の良い時に抱っこして笑顔を向けてあやします。こうすると、満たされるので赤ちゃんは無駄に「甘え泣き」をしなくなります。「泣かないで機嫌よくしていれば親が関わってくれる」ということを学習するからです。

　これを繰り返すことで、やがては精神力の強い子どもにと育っていきます。

事例8　大事に育てていたのに親を叩く子になってしまった

[Nさんの手記]

　長女は28週の早産でした。保育器に入っている時に何度も呼吸が止まってアラームを鳴らしていた子ですから、退院してからも注意して泣かさないように、泣かさないようにと泣けば抱っこして育てていました。

　「ゆうゆう」に入園した初の夫婦面談の時、今井先生から「甘え泣きに振り回されていると、子どもが王女様になってしまうから気をつけてね。」と、警告されました。その時は、たいして気にも留めずにいました。

　ところが、娘は2歳になった頃から巧妙に自分の欲求だけを満たそうとしてくるようになりました。親が考えているよりもずっと人の顔色を見ています。私がこれくらいはまぁいいか…とか、どうしようと迷っていると、子どもは「欲求を満たすチャンス！」とばかりに「より一層激しく泣いて」欲求を通そうとしてきました。そしてそれが一度叶えばまた次、また次とどんどんエスカレートしていきます。それが顕著になってきました。

　ある時、トイレに行くために遊びを中断させると、抱っこされている娘が親の顔をバチッバチッと叩き「イヤ！」と主張しました。はじめはたまたま手が当たったのかと思っていましたが、明らかに私の顔を叩こうとしていると感じた時は本当にショックでした。大事に育ててきた娘が、まさか暴力をふるってくるなど信じられず、受け止められずにいると、より狙いを定めて力強く私の顔を叩こうとしてきました。「痛い痛い。やめてよ。」と言うと、今度はふざけてニコニコしながら面白半分でより一層バタバタ暴れました。私の手をつかんで指を嚙んだこともあります。「こら！ダメ！」と叩く手をとって叱ってみても、治まりませんでした。

　先生に教えてもらったやり方で一番効果的だったのは抱きしめでした。叩かれる前に、その手をつかんで叩かせないようにしながら、なかば強引に引き寄せて抱きしめる。「○○ちゃん大好き〜」と心を込めて言葉にする。これだけなのですが、子どもはこの抱きしめと言葉でイライラした気持ちが消え、フワァーっと幸せな気持ちに包まれるようでした。これを4、5回程度行っただけですが、叩くこと自体をしなくなりました。

2 眠ったら布団に寝かせる

赤ちゃんがおっぱいを飲んで眠ったら布団に寝かせます。腕の中では眠っているのに布団に寝かせた途端に泣き出すことがありますが、泣いたからとすぐに抱っこせずに「眠る」と信じて待ちましょう。

赤ちゃんの胸にそっと手を乗せて、寝るのを待ちます。泣く度に抱っこをしていると、抱っこしていないと眠らない赤ちゃんになってしまいます。

赤ちゃんが布団で眠らないと、お母さんは休めずに、睡眠不足でイライラがつのってしまいます。また、抱っこしたまま寝かせていると、「親は、泣けば思い通りになる人」と赤ちゃんが誤学習をしてしまいます。それが積み重なることで、成長と共に「わがままな子ども」と、なっていきます。

「少しだけがまんすること」を教えるためにも、赤ちゃんの頃から「眠る時は布団で寝る」という習慣をつけていきましょう。

赤ちゃんの寝かせ方

布団に横にしたとたんに目覚めそうな時は、赤ちゃんが目覚めないように抱っこの手をすぐに離さずに数十秒待ちます。それから片手ずつ手を抜いていきます。

目覚めそうになっても抱っこはしません。赤ちゃんの胸にそっと手を乗せ、乗せた手を動かさずに黙ったままジッと待ちます。（右上写真参照）

こうすると、すみやかに眠れるようになります。

赤ちゃんの寝つきの悪さは、日中の「向かい合い」の不足と、「運動量の不足」が関係していることが多いです。首がすわったら「赤ちゃん体操」や「うつぶせ」で遊ばせて、運動量を増やしましょう。

```
            ┌─────────────┐
            │ 赤ちゃんの夜泣き │
            └─────────────┘
              ↙         ↘
```

豆電球をつけ、おむつを替えたらおっぱいを飲ませ、電気を消して寝かせます。	電気をつけて、おむつを替えたらおっぱいを飲ませ、赤ちゃんが眠るまで抱っこしてあやします。
少しくらい泣いても抱っこをせずに、隣で寝ながら泣き止むのを待ちます。	布団に下ろすと泣くので、再び抱っこして赤ちゃんが眠るまであやします。
病気でなければ泣き止んで寝ます。	夜でも泣けば抱っこしてあやしてもらえるということを学習します。
夜は眠るということを学習し、夜泣きが無くなります。	夜中にたびたび泣くようになります。

事例9　抱っこしないと眠らない赤ちゃんが布団で眠った

【指導員の手記】

　「赤ちゃんがいるから上の子どもと関われない」と相談にみえた方がいました。話の途中で赤ちゃんが泣き出したので、お母さんはおしめを替えました。それでも赤ちゃんが泣くので、おっぱいを飲ませました。おっぱいを飲み終え眠ったようにみえた赤ちゃんが、今度は体を反り返しながらギャーギャーと耳障りな声で泣き出しました。椅子に座っていたお母さんは「はいはい、立っちがいいのね。」と言って立ちあがり、赤ちゃんを揺らしてあやし始めました。「眠くなるといつもこうなんです。」と、お母さんはヨシヨシと赤ちゃんを抱いて歩きまわりながら話します。しばらく抱っこして歩きまわると、赤ちゃんは、やっと眠りました。眠った赤ちゃんをお母さんが抱っこし続けています。見かねた私は「赤ちゃんが寝たら布団に寝かせればいいじゃない？」と声を掛けました。「え？」お母さんはビックリした顔をこちらに向け「布団に下ろすと泣くんです。大丈夫です、いつもこうなんです。」と答えました。

　私はお母さんから赤ちゃんをそっと抱き離し、赤ちゃんを布団に寝かせました。お母さんの言う通り赤ちゃんは、火が付いたように甲高く泣き始めました。「やっぱり泣くでしょ？」そんな顔をこちらに向けたお母さんは泣き続ける赤ちゃんを抱き上げようとしました。「大丈夫、眠ると信じて待ったら寝ます。布団に寝かせましょう。」そう言って私は、赤ちゃんの胸にそっと手を乗せ、その手を動かさずに静かに待ちました。果たして赤ちゃんは、数十秒後に寝ました。お母さんは「布団で眠るなんて信じられない。」と言いながら今までの自分の大変さを語り出しました。

　上の子どもと関わろうとしても赤ちゃんがいるから無理だと言っていたのは、こうして泣く度に抱っこしながら歩きまわってあやし、寝ても布団に降ろすこともできず、抱っこし続けていたからでした。

　数日後再び会った時、赤ちゃんの大泣きは無くなっていました。そして、何よりお母さんの表情は穏やかな笑顔に変わっていました。その笑顔から家族がみんな穏やかに過ごせていることがうかがえました。

❸ 卒乳ではなく断乳をする

卒　乳	断　乳
子どもが欲しがらなくなるまでおっぱいを飲ませることを卒乳といいます。 （主導権は子ども）	母親の意志でおっぱいを終わりにすることを断乳といいます。 （主導権は親）

　子どもに任せて「卒乳」を待つと、中には、5歳になってもおっぱいを飲みたがる子どももいます。

　子育てにおいて大切なことは、「親が子どもに振りまわされない」ということです。前にも触れましたが、赤ちゃんの要求は叶えられれば叶えられるほど、際限なく増大していきます。赤ちゃんは、何も言えなくても「泣く」という行為で親を思い通りにしたがります。親の意志で「断乳する」と決めたら、たとえ赤ちゃんに泣かれたとしても、意志を強く持ち、「断乳」しましょう。「断乳」をする時期は、離乳食が完了する1歳頃が適しています。

〈断乳のしかた〉

　離乳食が完了したら、断乳をします。あらかじめ赤ちゃんに「おっぱいは終わりにします。」と笑顔で伝えます。日中は、赤ちゃんが欲しがってもニッコリ笑って気にしないようにします。散歩に出たり、おもちゃで遊んだりしているうちに、赤ちゃんはおっぱいを欲しがらなくなります。

　夜は、入浴後におっぱいの代わりに人肌に温めた牛乳を50ccくらいカップで飲ませます（牛乳アレルギーのある子どもは、水かお茶にします）。布団に寝かせると、赤ちゃんはおっぱいを欲しがり泣きますが、赤ちゃんの胸に軽く手をあてて「必ず眠ると信じて待てば」寝ます。お母さんや周りのおとなが赤ちゃんの泣きに負けずに、母乳（ミルク）をあげなければ2〜3日でおっぱいを欲しがらなくなり断乳ができます。

　断乳をすると、赤ちゃんが夜中に目覚めることがなくなり、母子共に朝まで熟睡できるようになります。

事例10 断乳してよく眠れるようになった

【Sさんの手記】

　娘は1歳の頃、おっぱいがないと眠れずに困っていました。寝る時は、必ず添い寝をして母乳をあげないと眠れませんでした。寝たと思っておっぱいを口から外すと、すぐに目をさましてしまい、大きな声で泣く。そんなことを夜中じゅう繰り返す毎日でした。私は、睡眠不足とイライラで育児に困り果てていました。そんな時、子育て支援に通っていた保育園で今井先生に出会いました。

　早速今井先生に現在の状況を説明し相談をしたところ、「赤ちゃんは、お母さんが寝かせようとする『あせる気持ち』をわかっています。そのうえで、泣けばお母さんが側にいておっぱいをふくませてくれると、お母さんを翻弄するのです。これは『甘え泣き』です。ですから、赤ちゃんがどんなに泣いても、お母さんは笑顔で赤ちゃんの胸に手を当て、手を動かさずに寝ると信じて待ちましょう。布団に寝かせたら子守唄も止めます。豆電球も消して、真っ暗な状況で寝かせるといいですよ。」と、アドバイスして頂きました。

　今までは泣かれると抱っこしたり、子守唄を歌ったりしていましたが、こんな方法で本当に寝つくのか？　と半信半疑でした。けれど、とても困っていたので、とりあえず実践をしてみました。初日は、すぐに寝つくどころかおっぱいを欲しがり大泣きをしていました。迷いはありましたが、辛抱強く待ちました。しばらく泣いてから眠りましたが、泣き寝入り状態でした。2日目には少し泣いただけで寝付け、3日目にはすぐに眠れました。

　それまでは、どうしたら断乳できるのか？　おっぱい無しで寝かしつけるにはどうしたらよいか？等、私の不安な気持ちが子どもに伝わり、子どもも不安になって寝つくことができなかったような気がします。その時は、疲労と焦りでいっぱいいっぱいで、一人ではとても解決することができませんでした。

　現在7歳になった娘は、今でも寝付きは良く、朝まで目覚めることはありません。元気に成長しています。

事例11　ミルクの卒業

【Mくんの母親の手記】

　息子は2歳1ヵ月で「ゆうゆう」に入園しました。

　「ゆうゆう」に入る前までは、食事を食べさせると口からペッペッと吐きだしてしまうため、粉ミルクを毎日4〜5回飲ませていました。2人兄弟の兄の方に色々と手がかかり、弟の離乳食が上手くいかないので粉ミルクに頼っていたのです。これでは良くないと思い、離乳食の初期からお粥などを作り、色々な物に挑戦してはいましたが上手くいきませんでした。

　「ゆうゆう」に入園初日、お弁当とミルクを持参しました。帰り際に今井先生から「明日からミルクはいらないからね。」と声を掛けられました。本当に大丈夫なのかな？　と思いましたが、翌日の帰りに先生から空になったお弁当箱を見せられ、「ミルクを飲まなくなると、こうやって空っぽになるの。家でも少しずつでいいからミルクを卒業しようね。」と言われました。

　ひと月後に面談があり、「普通食は何でも食べられるようになったんだからミルクは卒業できるよ。3日はかかるだろうけど、子どもが泣いてもミルクはあげないと、心を鬼にしてやってみてね。」と言われ、挑戦することにしましたが、正直なところ、たぶん無理だろうなと思っていました。

　初日の夜、「ミルクはおしまい。」と言うと、すごい大泣きをして寝転んで、泣き寝入りする状態でした。2日目の夜も大泣きは変わらず泣き寝入りでした。3日目は本人が「ちょうだい」という仕草をしたので「ないよ。」と言うと諦めて、少しだけ騒ぎましたが寝られました。4日目は「ちょうだい」も言うことなく、すんなり寝られました。それ以後は、ミルクは全く不要になりました。何度試みても失敗していたのに、一体今までの挑戦は何だったんだろうと驚きました。「親がガマンして譲らなければ子どももガマンできるんだ」ということを知りました。息子は、入園前からずっと便秘症でした。薬を飲まないと便が出ない状態が続いていましたが、粉ミルクを卒業できたことで野菜もよく食べるようになり、便秘も解消されました。食事は本当に大切なものなのだと実感しました。

事例12 「卒乳」にこだわっていた私

【てんちゃんの母親の手記】

　私は、子どもが産まれたら母乳で育てたいと思っていました。母乳のメリットに魅力を感じていたからです。一人目の娘が生まれ、母乳もすぐに出るようになったので、昼間は欲しがる時に、夜中も２〜３時間おきに授乳していました。夜中の授乳は大変でした。深夜１時半頃に授乳すると私自身が目覚めてしまい、布団に横になってもなかなか寝られません。ひどい時は、ウトウトしただけで次の授乳時間になってしまったこともありました。ですが、子どものためには「断乳」よりも「卒乳」の方が良いと思っていたので、子どもに「卒乳」させてあげたい想いから頑張って夜中も２〜３時間おきに授乳していました。娘は３歳４ヵ月でやっと「卒乳」できました。その間、夜中の授乳を続け、寝不足もたたっていましたが、二人目の妊娠、出産を経ての「卒乳」だったので、私自身に達成感がありました。

　そして、二人目も同じく「卒乳」まで飲ませたいと思っていました。しかし、一人目の授乳から３年以上続いていた寝不足がピークになっていました。夜中に２〜３時間おきくらいに授乳をするのですから、私は常に寝不足を感じていました。夜中に目覚めるとなかなか寝付けず、精神的にも肉体的にも限界になっていきました。それでも、二人目の子どもに「卒乳」するまで授乳を続けられないことを申し訳なく思い、数ヵ月悩みました。

　でも、子どもの笑顔が減ってきて、母親自身が元気でないと子どもにも影響が出ることにやっと気付き、二人目は１歳11ヵ月に「断乳」しました。

　「断乳」は子どもが可哀相と思っていましたが、思っていたよりも簡単に断乳できました。「断乳」すると私も子どもも夜中に起きることなく、朝までゆっくり眠れるようになりました。眠れると朝のめざめが良く、私自身に笑顔が増えました。私だけでなく、子どもの睡眠のためにも１歳過ぎに「断乳」したら良かったかも？と、今になると思います。

　もしも三人目の子どもを授かったら、母乳のメリットは実感しているので母乳をあげ、一歳を目安に「断乳」をします！「『卒乳』よりも『子どもの夜の睡眠保障をすること』」の方が、ずっと大事」だと気付けたからです。

第2章

1歳〜3歳までに大切にすること

3歳までに「がまんする力」をつける重要性

3歳までに「がまんする力」をつける。

↓

学童期・思春期になってもキレない。
協調性があり、耐性がある。

↓

おとなになって健康な社会生活を送れる。

3歳までに「がまんする力」をつけられない。

↓

学童期・思春期になってすぐにキレやすい。
自己中心的、身勝手で衝動的、耐性の低下。

↓

生活リズムの確立。
耐性の訓練を重ねて「がまんする力」をつける。

家庭内暴力。
非行。

↓

引きこもりや社会不適合になり、自立困難になりやすい。

「がまんする力」を育てるためのワンポイント

　子どもに「がまんする力」をつけるためには、おとなの一貫した対応が大切です。子どもに泣かれた時には、子どもに笑顔を向け、立ち直るのを待ちます。泣き止ませようと声を掛ければ掛けるほど長引くことが多いです。おとな自身が「がまん」して待ちましょう。子どもに「がまんする力」をつけるためには、おとな自身も「がまん」をしなければなりません。

困ったときこそ笑顔で

子どものことで悩んだ時は、困った想いは胸の中に閉じ込めて、子どもには笑顔を向けるようにします。

ニッコリ笑って行為は譲らず

どのような行為でも、笑顔で譲らないようにしていると、子どもが待てるようになります。

笑顔を向け、子どもを信じて待つ

気になることは気にしない

「さり気なく気になる行動を止め、笑顔を向ける」を繰り返します。気にしないようにしていると、無くなることが多いです。

「おしまい」にする時には予告をしてから

「もう１回したら終わりにしようね」など、先の見通しを持たせるようにします。

1 「生活リズム」を確立する

「生活リズム」を整えると丈夫なこころとからだが作られます。「生活リズム」を整えるためには早起きすることが大切です。継続するためには、親の「努力」が必要です。この親の努力が子どもの「がまんする力」を育てます。

河添理論　18のポイント

「生活リズム」を整えるためには、河添邦俊氏が提唱した18項目からなる生活を実践することが効果的です。詳しくは、「イラストでみる乳幼児の一日の生活のしかた」（河添邦俊・幸江著、1991年初版、ささら書房）をご覧ください。

1　機嫌良く早起きをします

早起きすると、夜早く眠ることができます。

「まだ寝ていたい」「冬は寒くて嫌だなぁ」と思う気持ちに負けずに「早起き」をすることで、「自分で決めたことをやり抜く力」も付きます。

毎朝6時頃に自分で目覚められるよう習慣づけましょう

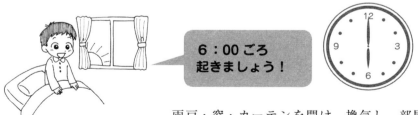

雨戸・窓・カーテンを開け、換気し、部屋を明るくします。

子どもの目の玉がまぶたの下で動くか、体が起きそうになったらきっぱり起こします。

寝室のカーテンは、遮光カーテンにしましょう。

6時頃に機嫌よく起こすために

5時50分頃、カーテンを開け、電気をつけます。

空気を入れ替え、毎日同じ時間に声掛けします（20分くらいかかると思ってゆったりと…）。

優しく声をかけます。

まぶたの下で目の玉がクリクリ動いてきた時に起こします。

夜遅く寝た日でも朝は6時頃に起こします。笑顔であせらず…起こすおとながイライラしないようにします。

子どもがグズグズしていたら好きな歌など歌って朝ごはんの準備をしながら待ちます。

子どもが起きてきたら満面の笑顔で抱きしめます。

おはよう

2 起きたら、着替えをします

裸になると素肌に
朝の空気が触れて
皮膚を刺激し、「空気浴」や
「空気たんれん」ができます。

起きたらすぐに
裸になって
着替えましょう！

冬は「寒い」と思っても、裸になって着替えることで、
自然に「がまんする力」もつきます。

皮膚は昼も夜も水分を放出し続けています。睡眠中も不感蒸泄[6]や汗が出ますから、朝起きたらすぐ裸になって着替えます。

人間のいのちと健康と育ちのためには、体温調節が非常に大切になります。人間は、恒温動物なので、気温の変動に合わせて衣類を調節する必要があります。子どもの衣服はおとなよりも１枚くらい少なくし、厚着にならないようにします。

うす着は不感蒸泄や汗の調節を良くし、皮膚の代謝作用を高めます。
体温の調整力も育てます。

体温調節のできにくい子どもは、気温の上昇と共に体温も上昇してしまうこともあります。「熱が出た」と驚かずに、夏は涼しい所へ移動し、服をゆるめ、足を高くして横にします。タオルを濡らし、首のつけ根を冷やして水を飲ませましょう。体力がつけば体温調節もうまくいくようになります。

6　不感蒸泄…発汗以外の皮膚および呼気からの水分喪失をいう。

〈「こだわりの強い子ども」の場合は…〉
① こだわりの強い子どもは、着替えにもこだわりやすいです。全裸にしてしまうと、「着替えは、全裸になる」と学習してしまいます。着替えるたびに全裸になることが習慣化されてしまうと、改善するのに大変な時間と労力がかかります。

全裸にさせないために、たとえばパジャマを着替える時には、**上を脱いだら上着を着せ、下を脱いだらズボンを穿かせる**というようにします。

幼児期のうちに上を脱いだら上を着て、下を脱いだら下を穿く、と教えていきましょう。

上を脱いだら上を着る

下を脱いだら下を穿く

② こだわりの強い子どもの中には、同じ服ばかり着たがる子どもがいます。ひとつの服に執着しないように、幼児期のうちにいろいろな服に慣れさせていきましょう。ここでも「がまんする力」がつきます。

「お気に入りの服を洗ったら、まだ乾かないのに着たがって泣く」という場合には、大泣きをされても、笑顔で「今日はこっちね。」と譲らずに他の服を着せてしまいましょう。泣いて大騒ぎされても、「一度着てしまえば次からは大丈夫」ということが多いです。大切なのは、「笑顔」で勧めることです。諦めずに勧めましょう。親が譲らずにいれば、どんな服でも固執せずに着替えられるようになります。

③ 帽子や靴も同じです。合羽のフードも同じです。「雨の日は、フードをかぶる」ということを教えます。フードを外してしまう子どもには、歩きながら側に付いていて、子どもがフードを外すたびに、何度でもかぶせ直します。**嫌がる子どもと目が合った時に「ニッコリ」笑顔を向け、「かぶれたね」と、ほめている**とかぶれるようになります。

3 冷水で顔や手足を洗います

冬でも水で顔を洗うと
パッチリ目が覚めます。

　冷水で顔や手足を洗うことで自律神経を刺激します。
　水をかける（洗う）ことは「水たんれん」になります。
　朝の洗顔は、冬でも水で行います。乳児の場合には、ガーゼまたはタオルを水でゆすぎ、固くしぼって顔や手足を軽く拭いてやります。
　まだ一人では洗顔できない幼児には、おとなが片手で抱え、片手で手を添えて手伝います。顔を水でぬらすだけでも効果があります。（写真）

　子どもがいつまでも水遊びをしてしまわないように、手を濡らして顔を洗ったら水はおしまいにします。

　洗顔の時は洗顔を、水遊びの時は水遊びと、けじめをつけましょう。

　毎朝続けて洗っていると、「朝起きたら、歯みがき、洗顔する」ということが習慣となり、身につきます。

　また、目覚めている時にはいつもできるだけ素足にしましょう。足の裏は、感覚神経[7]や自律神経[8]が多く広がっています。足は、体温調節のための体温計的な働きもしています。くつ下で包んでいては正確に働けません。

7　感覚神経…感覚器の興奮を中枢に伝える神経。
8　自律神経…脈拍や血圧、発汗、消化運動などを調節している神経。

夜尿は、3歳ぐらいまではするのが当り前と考えてよいでしょう。昼間は布パンツでも夜は紙おむつを穿かせましょう。

〈夜尿の原因〉
・昼間に笑う活動が少ない。
・夕食が高カロリー過ぎる。
・塩分などが多くてしかもぜいたくな夕食。
・眠る前に口うるさい注意やサイクルの高い音の刺激が多い。
・夜更かしで寝つきの悪い場合、などが挙げられます。

〈夜尿をした子どもへの対応〉
・夜尿をしても、叱らずにお尻を洗ってきれいにします。
・子どもには、気にさせないようにします。
　（夜尿について話題にしません）
・夜尿起こしはしません。夜尿起こしをすると、その時間におしっこをする習慣がついてしまいます。また、睡眠の妨げになります。

夜尿の直し方

昼間に楽しく活動する

夕食を薄味で軽く

夕食後にはい回って楽しくあそぶ

就寝前に入浴

入浴後、少し水を飲ませ、絵本を読むなど静かな時間をつくる

早寝をする

4 毎朝たのしく散歩します

・雨、風、雪などの天候に関係なく朝食前に歩きましょう。
・朝型の「生活リズム」を確立するために、朝食前に朝の光を浴びましょう。

自律神経が快適に刺激され、その働きが強まります。
毎日続けると風邪などをひきにくくなり、足腰も丈夫になります。

> 朝の光を浴びながら朝食前に30分程度少し急ぎ足で散歩をしましょう！

> 朝の光が体内時計を地球時間に合わせてくれます

目的の場所を決めて、兄弟姉妹みんなで一緒に歩くようにします。

時々走ったり、早歩きをしたり、楽しんで散歩をします。

父親との散歩は、父子のコミュニケーションをとる良い時間です。

外気に触れることが大切なので、雨の日も傘をさして毎日続けます。

〈散歩の効果〉
・歩くことは、足先まで運ばれた血液を心臓へ送り返す働きを助けます。
・朝の散歩の習慣は、便通も良くします。
・継続することで身体が丈夫になります。
・継続することで、困難に打ち勝つ「たくましい心（がまんする力）」も一緒に育ちます。

〈散歩を嫌がった時の対応〉
　「じゃ、行ってくるね。」と笑顔で子どもに伝え、親は出掛けます。親が楽しそうに歩いていると、子どもも一緒に付いてくることが多いです。

兄弟姉妹がいたら、その子どもたちと楽しく歩きましょう。

泣いていた子どもが追いかけて来たら、笑顔で抱きしめて来られたことをほめ、一緒に歩きます。

・子どもが泣いて散歩に行かない時は、兄弟姉妹と出掛けます。できるだけ楽しく歩いて兄弟姉妹に散歩の楽しさを伝えましょう。子どもが泣いていたとしても「明日は一緒に行こう。」と笑顔で誘います。あくる朝になったら再び笑顔で散歩に誘います。親が楽しく継続していると親子で一緒に散歩することが習慣となります。気候の暖かな頃から始めると子どもも楽しく歩け、冬になっても継続できます。
・子どもがしゃがみ込んだ時は、ニッコリ笑顔を向けて立たせます。

5　食事は一日3回、間食1回にします

特に朝食が大切です！
人間の脳と筋肉は、ブドウ糖を
エネルギー源にしています。

・朝食は　午前7：00ごろ
・昼食は　午後0：00ごろ
・夕食は　午後6：00〜7：00の間
・間食は　午後3：00ごろ
　（よく活動した場合だけ）

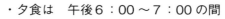
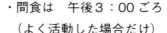

家族や仲間と楽しく食べると食欲も出て消化にも良いです。
朝食をとることは朝の排便も良くします。

　ブドウ糖は、でんぷんを分解してつくられますから朝食はご飯にします。
　朝食は、子どもにだけ食べさせれば良いものではありません。おとなも一緒に食べられるように、工夫と努力をしましょう。子どもはおとなと一緒に食べることで正しい食事のマナーを学びます。
　栄養があるからと肉や魚を食べても野菜を摂らないと、含んだ栄養素の吸収や廃棄物の排出などが難しくなります。野菜には、繊維質、たんぱく質、脂肪、糖質、ビタミン類、ミネラル類など、わずかずつながらみな含まれています。一番大切なのは、煮たり湯がいたりした野菜です。油を少なめにして炒めた野菜も大切です。生野菜は、質・量ともに少ししか食べられません。
　野菜や海藻に含まれている繊維質も食べるようにします。繊維質は、からだの栄養になりませんが、からだで不要になったものをからめて大便として排出させます。
　水も大切です。ジュースは糖分が多く、水分としては適しません。
　子どもは「脱水」に大変弱いです。水は、子どもの主食とも言えます。

〈「愛」は「手作りの食事」で伝えます〉

　レトルト食品や冷凍食品に頼らず、手作りで食事を作りましょう。毎日手をかけて食事を作ることで、子どもの心も満たされます。子どもの好きなものばかりに偏らず、季節の野菜を使い、休日には親子で一緒に作りましょう。子どもは自分が手伝って作ったおかずは喜んで食べます。
　咀嚼力[9]をつけるためにおとなと同じ大きさに切り、軟らかすぎないように調理します。
※偏食の直しかたについては、Q&Aをお読みください。

〈食事の内容〉
・朝食では、ご飯（米食）を食べます。
・おとなと子どもとが同じものを一緒に食べます。
・調和よく、「ま・ご・わ・や・さ・し・い」を取り入れ、偏食にならないようにします。

9　咀嚼力…食物をかみ砕く力。

6 食事の前には小便をします

失敗しても叱らないでね！

一日3回の食事と間食の前には小便をし、冷水で手を洗います！

　小便をするということは、からだの大切な排泄作用です。排尿にもリズムがあります。
　食事の前に排尿する習慣は、食事のリズムと共に生活上の良いけじめになります。時間的にも生活習慣を持つにもちょうど良い節目になります。
　うながす時間帯（▼で表示）は次の通りです。2～3歳の子どもは「でない」と言ったのにすぐに出てしまうこともありますが、叱らないですみやかに着替えさせた方が早く習得するようになります。また、漏らした後にすぐに着替えさせると膀胱に残っていた「おしっこ」が出ることがあります。漏らした後でも、オマルか便座に座らせてみましょう。出ても出なくても座らせてからパンツを穿かせると失敗が少なくて済みます。

6:00	7:00	9:00		12:00		15:00		18:00	20:00
起床	朝食			昼寝	昼食	昼寝	おやつ	夕食	就寝

　「おしっこは？」と、気にし過ぎると逆効果です。小便を失敗されないように度々口うるさく声掛けすると、ストレスを与えることになり、頻尿の原因にもなります。また、おとな同士がおしゃべりをしていたり長電話をしたりしていると、「おしっこ」と言っておとなの気持ちを引こうとする場合があります。そんな時は、「子どもと一緒に遊ぶのが不足かな？おしっこを気にし過ぎかな？」と、振り返ってみましょう。

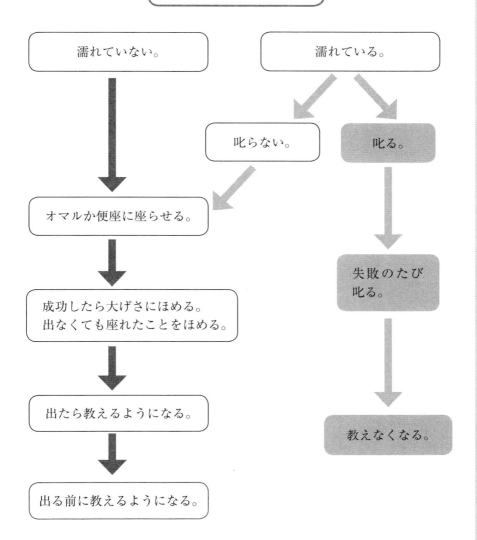

　オマルの置き場所は一定にします。9～10ヵ月頃、腰がすわって、おすわりができたらオマルに座らせましょう。夜はしばらく「おむつ」をします。おむつ外しは、毎日の日課にして、根気よく取り組みましょう。コワイ顔で強制をせずに、出た時に笑顔でほめます。

7　朝食後には大便をする習慣をつけます

からだのために
とても良いことです！

「出なくても便器に座ってみましょう！」

朝の散歩をし、朝食をとることで排便しやすくなります。
便秘が続くと、食欲が出にくくなります。
便秘が続くと、イライラしたり機嫌が悪くなったりしがちです。
便秘が続くと、自律神経の働きを弱め情緒の働きも乱しやすくなります。

　毎朝大便が順調に出る習慣を身につけましょう。便座に座るのを嫌がるからと子どもの言いなりにならずに、最初はたとえ5秒でも良いので座らせるようにします。出ても出なくても座れたことをほめます。笑顔で毎朝誘い、成功する日を楽しみにしながら促していきましょう。毎朝「朝食後には便座に座る」ということを繰り返していると、習慣になります。
　幼児期のうちに朝の排便が定着できると、学童期になってからも朝排便ができ、日中の学習に集中ができます。

　排便の良いリズム作りのためには、日常的に食事の中では野菜、海藻、きのこ類を食べ、繊維質を多く摂るようにします。また、腹筋が弱いと、腸の働きも弱くなり便秘になりがちですから筋力も育てましょう。

便秘が続くと……
- 頭の働きがにぶくなります。
- 注意力・記憶力が下がってきます。
- 慢性になると、自律神経を弱め、学習力を弱めます。

トイレでの朝排便を定着させるために

朝食後

↓

便座に座らせ「ウーン、ウーン」と声掛けして、排便を促す。（踏み台があると力が入りやすい）

↙　　↘

成功したら大いにほめる。

泣いて立ち上がってしまう。

↙　　↘

便座に座らせて、子どもの好きな絵本を読んだり、歌・手遊びをしたりして、座ることに慣れさせる。（慣れたら絵本などは不要）

諦めて紙パンツを穿かせる。

↓

事前に教えるようになる。

↓

成功したら大いにほめる。

↓

事前に教えるようになる。

「排便は紙パンツでする」が定着し、教えなくなる。

　毎朝便座に座らせましょう。「朝6時頃起床。散歩をしてから朝食を食べる」と朝食後に大便が出やすくなります。3歳前の子どもは一日に2～3回大便が出ることもありますから毎食後、促してみましょう。

8 朝のうちにからだを使って表現をする遊びをします

午前9時ごろから30分くらい集中して、休みなく全身を十分によく使った運動をしましょう！

子ども自身が「楽しい」と、目を輝かせてはえるように工夫しましょう。
健康な子どもは、一日の中でからだ全体の活性度が高い時間帯です。からだに活力があるので、ダラダラした保育や遊びの状態ではもったいないです。

　リトミック・体操あそび・はう運動あそび・道具を使った体操など、リズム感のある動き、たのしい内容、少し汗ばむくらいの動き、仲間と一緒にできること、次の課題につながる（うまくなれる質のもの）等が望まれます。発達に遅れのある子どもには特に「はう運動あそび」が重要です。
　「はう運動あそび」は、「いつでも」「どこでも」「誰とでも」手軽にでき、道具は全く要りません。次の4つの「はいはい」を基に遊びます。

へそつきばい

膝つきばい

高ばい

手押し車

　いつも同じ歌で「はう」のではなく、楽しく笑い合って遊べるよう工夫しましょう。詳しくは、「『はう運動あそび』で育つ子どもたち」今井寿美枝編・著　大月書店　を参考にしてください。

全身を使った表現運動の活動が終わったら**変化する素材を使って表現する遊び**を 30 分前後取り組みます。

　人間が 1 つのことに集中できる時間にもリズムや法則があって、おとなの健康体でおおよそ 90 分といわれています。幼児では 30 分間前後全身を使った表現運動の活動を、つぎに変化する素材を使って表現する遊び 30 分前後集中的にすると効果があります。

・歌を歌っての手遊び
・紙、小麦粉、絵の具、布、木、土、砂、水など変化する素材を使う遊び
・はさみ、ホチキス、セロテープ、クレヨン、エンピツ、筆、ボールペン、バケツ、コップ、ひしゃく、空き瓶、空き箱などの道具や材料を使っての遊び　などで遊びましょう。

小麦粉粘土あそび

新聞紙破り

絵の具あそび

紐通し

はさみを使って

❾ 幼い子どもには、昼寝をさせます

就学する半年前までの
幼児には
昼寝が必要です。

幼い子どもの昼寝は育つために必要です。

　生後4ヵ月ころになると夜集中して眠るようになり昼寝は3〜4回程度になってきます。生後6ヵ月ころまでは昼寝は3回くらいです。
　13ヵ月ないし18ヵ月ころにかけて、午前と午後の2回になります。
　1歳後半から2歳に向かうころ、一日1回の昼寝になっていきます。

〈午前中の昼寝は短時間で済み、目覚めが良いです〉
　朝6時頃に起きると、子どもの体温は36.5度くらいです。散歩をすると、36.7度位に上がり、9時頃に運動をすると体温が上昇し10時を過ぎて落ち着いた時間を持つと、体温が下がります。その頃が午睡に適した時間と言えます。短時間で回復力が良いので、午前中の眠りの時間帯は、大体10時半〜11時半頃までを目安とします。
　年少児は1時間、年長児は20分くらいで起こします。子どもの眠りは20分サイクルなので、起こす時には、眠ってから20分とか60分とか、経過したころを見計らい、声を掛けます。まぶたの下で目がクリクリ動いたら、その時が目覚めやすい時です。きっぱり起こします。
　午後に昼寝をする場合には、昼食後なるべく早い時間にします。夕方に眠ると、夜の眠りに影響します。夜、早く眠れるよう、夕方に保育所から帰宅する車中で眠らないように気をつけましょう。楽しくおしゃべりしたり、歌を歌ったりすると眠らなくて済みます。

昼寝をしたがらない子どもへの対応のしかた

```
         昼寝をしない
    ↙        ↓        ↘
```

布団に横にして、子どもが喋っても返事をせずに眠ったふりをして眠るのを待つ。

おんぶをして寝かせる。

子どもに任せて起こしておく。

布団で昼寝ができるようになる。親も休める時間ができる。

毎日おんぶをしないと寝なくなる。

夕方になり、眠くなり、グズって泣く。

親がクタクタになる。

夕方、眠ってしまい、夜は、遅くまで起きていて、なかなか寝ない。
親がクタクタ。

朝、起きられず、目覚めも悪く、グズリやすい。

昼寝時の留意点

①カーテンを閉めて部屋を暗くします。
②親は目を閉じて眠ったふりをします。
③子どもが喋っても反応せずに眠るのを待ちます。
④寝ないからと叱りません。
※昼寝が定着すれば、親が付いていなくても自分で眠れるようになります。

眠れなくても布団に横になっているだけで、身体を休めることができます。

10　午後広い場所で遊ばせます

戸外で思い切りからだを大きく動かしてたのしく遊びます。

　集団で仲良く全身の関節、筋肉など、しっかり使えるようなあそびをします。
　異年齢の小集団で、できるだけ地面を使って遊びます。

　戸外で思いっ切り遊ぶと、気分も壮快になり、からだも汗ばむなど、代謝もよくなります。昼よく遊び、それと共に夜よく眠る子どもは、大脳の育ちもよくなっていきます。

　天気の良い日の午後には、戸外で思いっ切りからだを動かして、たのしく遊ばせます。広い場所を使って、からだをしっかり動かし、仲間とともにいろいろな遊びをします。
　子どもは、みんなとあそぶ中で「してよいこと」「してはいけないこと」など、学んでいきます。遊びの中で社会性も育ちます。
　人間の身長（背丈）は、一日24時間の間に日周リズム（一日を周期とするからだの働きのリズム）を持って、低くなったり高くなったりの変動をします。朝目覚めた時が、一日で一番背が高いものです。
　昼間よく遊ぶと、背は大きく縮みます。各関節にある水が減り、関節の間隔が狭くなるからです。
　眠ると、その間に関節に新しい水が新しい栄養素を含んで戻り、背丈の縮んだ分が元に戻ります。その新しい栄養が育ちを作ります。

〈できるだけ広い地面を使って遊びます〉

　元気に動きたくてたまらないというのが、子どもの子どもらしさです。
　おとなに服従したり、おとなの命令だけに従ったりするのが子どもではありません。子どもたちが、想像性と創造性を持ちながら、ルール（約束）を持って活き活きと満足のいく活動をすることが大切です。

　遊びには、文化性と、伝承性と、発展性とがあります。遊びの中心は、「かけっこ」「ままごと」「鬼ごっこ」などの「ごっこ」遊びです。

・走りっこ（鬼ごっこ、リレーなど）
・登りっこ（坂をかけ登る、急坂をはい登る、階段を登る、棒や網を登るなど）
・砂や泥を用い、道具を使って遊ぶ（バケツやスコップなどを用いての砂遊び、泥んこ遊びなど）
・遊具を使って遊ぶ（ブランコ、スベリ台、ジャングルジム、跳び箱、平均台、登り棒、つき山などを使って）
・ボールや玩具を使って遊ぶ（ボール蹴り、ドッチボール、サッカー、縄跳び、電車ごっこなど）

　子どもたちが物の取り合いや、ぶつかり合いなどで、時にはケンカになることもあります。
　そんな時は、新しい約束を作るなどして問題を解決していきます。

　子どもたちに暴力が生じた場合には、おとなが、「暴力は断固として許さない」という毅然とした態度をとります。
　それを基に、子どもたち同士での約束も必要です。

11 雨天の日も生きいきと遊ばせます

雨の日でも室内でできる遊びをしよう！

室内でも体操遊びやリトミックやリズム遊び、床やマットを使っての「はう運動あそび」など工夫します。

雨が降る日には、屋内でできる遊びを工夫します。

午後の長い時間の内、少しでも良いのでからだをたくさん動かすようにします。室内でも、できるだけ活発な遊びをいろいろ工夫しましょう。

「ゆさぶり遊び」
例）バスタオルに子どもを乗せ、おとな二人が端を持って左右にゆっくりゆさぶります。

「体操遊び」
例）「でんぐり返り」や「片足ケンケン」など、たのしく全身を動かします。

タオルブランコ

「リズム遊び」
例）音楽に合わせて身体を動かして遊びます。

アパートなどで、部屋が狭くて動き回まわって遊ぶと、階下の人に迷惑な場合には、児童館や公民館などを利用して、親子ともども身体を動かしてたのしく遊ぶようにしましょう。

〈遊ぶ時の留意点〉
①2人以上の集団であること
②子どもが、たのしそうに声をあげて笑うような状態があること。
③できるだけ、からだ全体をつかう遊びであること。
　（テレビやビデオは、遊びとしては優れていません）
④遊び終わった時に、「おもしろかった、またしたい」と思えるもの。

〈テレビやビデオを観たり、ゲームをしたがったりする場合〉
　親子でからだをいっぱい動かして楽しく遊ぶ時間を30分くらい作りましょう。お手伝いもできるように工夫しましょう。テレビを観たりゲームをしたがる場合には、テレビやゲームを終了する時間を約束しておきましょう。
　約束のその時間になったら終わりにします。子どもが「もっとやりたい」「消さないで」と言っても、約束の時間で終わりにします。たとえ子どもに泣かれても、約束は約束なので、笑顔を向けて終わりにします。
　「にこやかに『おわり』と伝え、泣かれても譲らずに終わりにすること」
　「『おわり』と約束した時は、毎回同じにすること」が、すみやかに終わりにできるポイントです。
　終わりにしたら、次の約束の時間まで再開はしません。最初、子どもは泣くかもしれません。でも、おとなが言葉に責任を持ち、次の約束の時間になって再開すれば、2度目からは泣かなくなります。子どもは、「今日だけはいいよ」という日を作ってしまうと約束が守れなくなります。
　終わりにした後に、いつまでも子どもがグズっている場合は、これまでの生活の中で、「おわり」を終わりにせずに、「今日だけだよ」などと、おとなが子どものグズリに負けて譲ってしまった経験がある場合が多いです。
　からだを充分動かす遊びに誘えば、気持ちを早く切り替えられることが多いです。
　雨の日に、からだを動かした後には、お手玉・積み木・ブロック・ダンボールなどを使って遊びましょう。積み木やブロックなどは、何日もかけて製作していくことも楽しいです。創造力・創作力なども育ちます。

12 できるだけ手伝いをさせるようにします

手伝い遊びとして
たのしませましょう！

　手伝いは、なるべく日常的で身近に在り、子どもの力で喜んでできるようなことをさせます。口うるさく命令してさせようとしないで、手伝った時にほめると進んで手伝うようになります。
　子どもだけにさせるのではなく、おとなと一緒に楽しめるようにします。
　幼くて、実際には手伝いにならない場合でも、「手伝いあそび」として、手伝いの真似事を楽しませ、手伝いの基本的な力を育てていきます。
　ほめられる体験を増やすことで、自ら手伝う子どもになります。

- 口うるさく命令して、させようとするのはダメです。
- 最初は、子どもができそうな手伝いから始めます。
- 自分のしたことが、おとなの役に立ってうれしいな！と、実感が持てるようにしていきます。
- 手伝いが終わったら「ありがとう、助かったよ。」と、満面の笑顔で抱きしめましょう。

〈子どもに手伝いを「ヤダ」と断られた時は…〉

　お手伝いは、無理やりさせるものではありません。「ヤダ」と断られたら、満面の笑顔を向けて「○○ちゃんが手伝ってくれると嬉しいな～」と抱きしめましょう。「ヤダ」と言ってお母さんの気持ちを引きたいのかも知れません。おかあさんに抱きしめられると嬉しくて、手伝う気持ちが生まれます。

〈お手伝いの工夫〉
1．洗濯物を干させます。
　①洗濯物を洗濯機から籠に出しておきます。
　②子どもに「洗濯物を干すから一緒に籠を持ってね。」と、一緒に籠を持たせて運びます。干場まで着いたら満面の笑顔で「ありがとう」と言って、抱きしめます。
　③「干すからタオル取ってね。」と、具体物を伝えます。取れたら、「ありがとう！」と笑顔を向けます。「次は○○を取ってね。」と子どもが持ちやすいものだけを指定します。

タオルを振って、タオル干しのお手伝い

　　最後まで干せたら「ありがとう！助かったよ。」と、抱きしめて感謝を伝えます。
　　子どもが持ちにくそうな大きな物は、親が直接干します。子どもが、「お手伝いは楽しい」と、思えるようにします。
2．食事の用意を手伝わせます。
　　台布巾を洗って絞る、テーブルを拭く、食卓に皿を運ぶ、箸を配る、ご飯をよそった茶碗を配るなど、できることをさせます。
　　コンセントを抜かせることは危険です。子どもが使いたがるからと子ども任せにはしません。大人の役割と子どもの役割を教えます。
3．「食事作り」を手伝わせます。
　　米とぎ、玉ねぎの皮むき、ゆで卵の皮むき、キャベツちぎり、キュウリの刻んだものをボールに入れ、塩をふってから子どもに混ぜさせる。ジャガイモを蒸かして、冷めたら皮をむかせる。卵を「こっつん」と、割ってもらうなど、できることを手伝わせます。
4．掃除を手伝わせます。　雑巾がけ。掃除機を一緒にかける等です。
5．食事の片づけを手伝わせます
　　箸やスプーン・フォークを集めて流しに運ぶ。持てる大きさの食器を流しに運ぶ。洗える年齢になれば食器を水に入れて下洗いをします。
6．夜は寝具の準備、朝は寝具の片づけを手伝わせます。

13 夕食後には、はい回って遊びます

「はう運動あそび」は
とても良い全身運動です！
血行をよくします。

「はう運動あそび」は全身の
関節や骨格筋を使います。
短時間で効果的にできます。

　家族団らんの運動的遊びとしては「はいはい遊び」は優れています。廊下や階段を利用したり、テーブルの下をくぐったり、工夫すれば場所をとらなくてもできます。重心を低くした「はいはい遊び」は全身の関節や骨格筋運動として非常に優れたものです。腕・胴・腰・足などの育ちも強くなり、さらに重心の安定や平衡機能なども高まります。幼児期には「はう運動」として取り入れましょう。親子で「楽しい」と、笑い合えることが大切です。腕・手首・てのひらなどの働きもよくなり、器用になります。

　はう発達の順序を正しく、充分に経た子どもは…
ア）姿勢がよく、転びません。
イ）足の蹴る力が強くなります。
ウ）かかとからつま先への歩行が確立しやすいです。
エ）腕・手首・てのひらなどの働きもよく、器用になります。絵や文字もうまくなります。

　時間が取れない時は、お風呂場まで「手押し車」で行くなど、生活の中に「はう運動」を取り入れていきましょう。「手押し車」は、子どもの体力に応じて支える位置を腰→膝→足首へと移行していきます。
　毎日の継続が大切です。「楽しく！」行いましょう。

〈はう運動あそびの効果〉

足

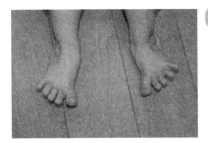

入園当初

緊張が強く、指が反り返る。

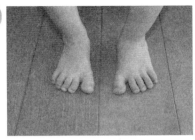

入園から3ヵ月後

緊張がとれ、指が床に着く。

よだれ

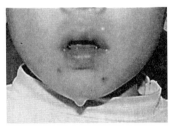

入園当初

よだれが、絶えず出る。

入園から7日後

よだれが、止まった。

肘

入園当初

肘が「くの字」に曲がる。

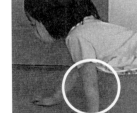

入園から10ヵ月後

肘が「くの字」に曲がらない。

14 就寝少し前に入浴をします

就寝前の入浴は、
親子一緒に
心温まる習慣です！

入浴には寝つきを良くする作用があります。一日の終わりに当たってけじめをつけるためにも良く、快いことです。

ア）夕食後の「はう運動あそび」が終わったら、入浴をします。

イ）入浴の時間は、就寝予定時間前の 20 分以内くらいに湯から上がるように見はからって入ります。

ウ）入浴すると、湯の温度によって体温が急上昇します。そして、お風呂から出ると、この体温が急速に下降していきます。体温が下降しつつあって、しかも元の体温に戻る前のまだ少し暖かさを感じている時に就眠すると、寝つきが良いです。

エ）入浴後に体温が下がり過ぎると「湯ざめ」をします。
　　入浴後 20 分以内を目安に、布団に寝るようにします。

〈お風呂上りには、少し水を飲みましょう〉

　入浴をすると、体温が上がります。入浴後は体温を下げる作用で、汗などによって、水分を失います。その補給と睡眠中の水代謝のために入浴後には、少し水を飲むようにします。

〈入浴時のQ＆A〉

Q1　子どもがお風呂に入る時に「イヤ」と、言ったら…

A　その1．
　子どもの「イヤ」という言葉を気にせず「じゃ、先に入っているね」と、笑顔で言って入ります。親が入ってしまえば、後から急いで入って来ることが多いです。
　「お風呂に入んなきゃダメ！」と、強い口調で叱ったり、無理矢理、服を脱がせたりすると、ますますお風呂嫌いになりますから気をつけましょう。

A　その2．
　夕食前のあそびの最後に「手押し車」でお風呂場まで行くと、そのまま入浴しやすいです。
　その場合も、やらせるのではなく「あ～、楽しかった」という満足感が得られるようにします。

Q2　子どもがお風呂から出るのを嫌がる時は…

A　その1．
　カウントダウンをしてみましょう。
にこやかに「さあ、お風呂から出ますよ、5・4・3・2・1それ～」と、抱き上げて出します。
いかに「楽しい」かが大切なカギです。

A　その2．
　タオルに空気を入れてお湯の中でブクブクさせて遊んでみましょう。
「2回やったらまた明日ね。」と予告をしてから、2回ブクブクして遊んだら、子どもが嫌がっても笑顔で出します。

15 就寝前に、落着いた時間を持ちます

絵本など静かに
読み聞かせ
ましょう！

布団に横にならずに
座って行います。

　入浴が終って寝床に入るまで（大体20分以内くらい）、静かな時間を持ちます。眠りに入る前の貴重な時間です。おだやかな気持ちで、しかもおとなとの文化的交流のあることが大切です。

口うるさく文句を言ったり、叱ったりしないようにします。	テレビ・ビデオなどの機器による視聴覚への刺激は、できるだけ避けるようにします。 （寝る30分前には消しましょう）

〈眠る前には、おだやかにゆったりした気分にさせます〉

例）・やさしく歌を一緒にうたいます。
　　・かんたんな物語を語り聞かせます。
　　・絵本や簡単な物語の本を読み聞かせたり、一緒に読んだりします。

ア）本を読んだり物語を聞かせたりする時は、寝床に入る前に座って行います。
イ）絵本やお話がどんなに良い内容でも、だらだらと長いことはよくありません。眠るにはけじめも必要です。
ウ）子どもが「もっと」と甘えても、けじめ良く「またあした、おやすみ」と、あいさつし合い納得して眠る習慣を作ります。

絵本を読むときは、けじめ良くします

例）絵本を「2冊読む」と決めた時

読む絵本を2冊決める。

2冊読んだ後に、子どもから「もう1冊読んで」と、せがまれた時は…

けじめ良く、にこやかに「またあした、おやすみ」とあいさつし合い、納得させて寝かせる。

「じゃ、これだけよ」と次の1冊を読む。

「もう1つ」と、せがまれるので、しかたなしに読み続ける。

静かに「消灯」する。

夜、なかなか寝られず、日中に苛立ちやすい子どもになる。

聞き分けの良い子に育つ。

わがままで、聞き分けの無い子になる。

第2章●1歳〜3歳までに大切にすること　093

16 夜寝つきのよい子がよく育ちます

寝つきをよくするには昼間と寝る前の活動のしかたが大切です。

寝床に入って2分ないし5分位の間に眠る子どもが寝つきの良い子どもです。

寝つきが良くなると、日中に元気がよくて育ちも良くなります。

〈早寝をさせるために〉

早起きをすることで早寝ができます。

- テレビは消して、静かな環境にします。
- 眠る前には、口うるさくしないようにします。
- 夜8:00頃に暗く静かな部屋で眠ると、メラトニンが分泌され心が穏やかになります。
- 豆電球がないと眠れない子どもの場合は、子どもが眠ったら豆電球を消します。

※動き出したら、布団から出てしまわないように、子どもの胸に軽く手を乗せ、「大丈夫だから寝ようね」と声は出さずに心で信じて待ちます。

夜、なかなか寝ない時の対応のしかた

```
        子どもが寝ない。
        ↙        ↘
```

部屋の電気を消して布団に入れる。

↓

子どもがおしゃべりしたり、笑い出したり、泣き出しても灯りはつけずに寝るのを待つ。

↓

親は黙ったまま様子をみる。
（親が黙っていれば寝付くことが多い）

車に乗せてドライブをする。

↓

ビデオやDVDを見せる。

↓

夜中に目覚めるリズムがつく。

↓

朝起きられず、起こすとグズる。
（不登校の原因にもなりやすい）

　　真っ暗な中で眠れるようになったら、
　　布団に入り「おやすみ」と、言った時点で
　　豆電球も消して真っ暗にします。

　早寝の習慣をつけると寝つきが良くなります。睡眠の質が良くなると
・こころが落ち着き、穏やかになります。
・認識力（理解する力）が伸びます。
・成長が適度に促されると同時に、思春期になってから初潮を迎えるように、性の成熟を抑制します。

17 激しい刺激（ストレス）を加えないようにします

ストレスが多いと
「不定愁訴」[10] が生じて
頭や腹も痛くなりがちです！

就寝前に一番良くないのは、
口うるさい「うながし」や「注意」です。

〈ストレスになるもの〉

・過干渉　・過期待　・過保護　・過放任　・孤独感
・生体のリズムを乱すような激しすぎる刺激。

体罰はしません
・頭を叩く。
・お尻を叩く。
・つねる、等。

　自分でやられたことは、他の弱い子どもに同じことを向ける傾向があり、気を付けなければなりません。

〈ストレスになる音声〉

・叱られた時の声	・口うるさくて甲高い声
・雑音に感じる車などの激しい音	・やかましい機械音
・長時間に渡るテレビやゲームの音	・嫌な音、など。

10　不定愁訴…明確な病気ではないのに、たえずからだのどこかに異常を感じ、それを訴えること。

〈ストレスにならないもの〉
- 笑いあうこと。
- 快適な人間関係。

〈子どもにストレスを与えない工夫〉

ア）乳児には機械音は避け、幼い間はできるだけ少なくします。
イ）子どもが幼い間は、車での遠出はできるだけ避けます。
ウ）車中で、テレビやラジオを鳴らしっぱなしにするのは、止めます。
エ）テレビ番組は選んで見ます。
　（食事中や夜遅く見せるのは、子どものために良くありません）

事例13　困った時こそ笑顔で

【りっくんの母親の手記】

　息子は人見知りが強く、3歳になっても初めて会う人や初めての場所など、すぐに泣き騒いでしまっていました。「ゆうゆう」に通園するようになり、今井先生から「お母さん、口角をあげてニッコリと笑顔を向けて対応してみてね。作り笑いでもいいのよ、口角をあげていると自分の脳が幸せって感じて、だんだん本物の笑顔になっていくの。そのお母さんの笑顔を見て子どもも笑顔になるから。」と教えてもらいました。

　数ヵ月後のことです。息子が膝の痛みを訴え、病院でレントゲンや採血などをすることになりました。息子は痛さと怖さで普段以上に泣き騒ぎました。その時、今井先生の言葉を思い出し、口角をあげて笑顔をつくり「大丈夫だよ。」と言って手遊び歌を歌ってみました。医師から緊急入院になると言われ、内心は本当に心配でしたが子どもにニッコリ笑顔で対応しました。息子は自然と泣き止み落ちつきはじめました。親が動揺し不安がって対応してしまうと子どもは更に不安を拡大させてしまい負の連鎖なんだと気付きました。母親の私の笑顔が増えた我が家では、家族みんなの笑顔も増え、楽しい日々を過ごしています。

18 ほめ方や叱り方は態度によって示します

　ほめることも叱ることも、子ども自身が「自分のして良いこと」や「悪いこと」を知り、判断し、行動を自分で統制するところの自律性を高めるために、大変大事なことです。しかし、むやみにほめることもよくはないし、反対に悪いことに対して叱る時も体罰などは絶対にしてはならないことです。

　ほめ方や叱り方の場合にも、行為についての価値判断と文化性、あるいは、ほめたり叱ったりする人の人格が表れます。

〈ほめ方〉

ほめる時は
「笑顔」と
「ことば」と
「抱っこ」で
共感を示します。

ご褒美は、菓子やお金ではなくてニコニコ笑顔で抱きしめて伝えましょう。

出来上がったの？
良かったね

ア）ほめる時は、共感を示します。
イ）共感できるよろこびと、満足感を持てるように態度で示します。
　（顔の表情にうれしさを表し、心からニコニコしてみせます）
ウ）お小遣いやお菓子などのご褒美でつるのはよくないことです。
　「100点とったらお小遣いをあげる」「これをしたらお菓子をあげる」などと、物と交換条件にするようなやりとりはしません。
エ）抱きしめたり、やさしく頭をなでたりするのは良いことです。ベタベタといつまでも抱きしめて活動を中断させたりするのは行き過ぎです。

〈叱り方〉

叱るべき時は、きちんと顔と態度に示して叱ります。
（神経質にこまごまと叱らないようにします）

**叱る時は
感情を顔に表して
目を見ながら
毅然とした態度で**

体罰はしません

「ダメ」と、その場で叱ります。

特に3歳頃までの子どもは、時間の概念が「今」しかないので、後で叱っても分かりません。

①感情を顔に表します。
②「感情的」にヒステリックに叱りません。
③毅然とした態度で、目を見て叱ります。
④叱る時にも一貫性が必要です。
　同じことをしてもその日によっておとなの態度が違うと混乱します。
⑤「くどくど」「ガミガミ」言うのは効き目がありません。
⑥自分の責任において叱ります。「先生に怒られるよ」とか、「お巡りさんに連れて行かれちゃうよ」などと人のせいにはしません。

　　　　ほめる時は、大勢の前で
　　　　叱る時は、一人で

コラム　共働き家庭でもできること　（19時に帰宅、7時出勤の場合）

19時20分：**夕　食**
　　　　　　眠るだけなので軽くて大丈夫

19時50分：**入浴前の遊び**
　　　　　　「遊ぶ時間を作らなければ」と意気込まずに、例えば風呂場まで親子で「はいはい競争」や「手押し車」をするなど「はう運動あそび」を生活に組み込む

20時00分：**入　浴**

20時20分：**入浴後の読み聞かせ**

20時30分：**就　寝**
　　　　　　子どもが寝たら、朝食の準備
　　　　　　おかずは、休みの日にたくさん作って冷凍保存すると便利

6時00分：**起　床**
　　　　　　子どもも一緒に起こす

6時15分：**散　歩**（短い時間でも毎日続ける）
　　　　　　父か母と、朝の光を浴びながら
　　　　　　散歩に行かない親がその間に朝食作り

6時30分：**朝　食**
　　　　　　一日のスタートなのでしっかり食べる

6時50分：**排便を促す**（便器に座らせる）

7時00分：**出　勤**

事例14　共働き家庭でも　できます、やっています

【鈴木家の父親の手記】

　娘が「チャイルドハウスゆうゆう」へ通いだしたのは、1歳7ヵ月の頃でした。娘の障がいの軽減のためにと、妻が朝6時に娘を起こし「朝の散歩」に連れて行き、夜は8時頃に寝かせるようにと「生活リズムを整えること」に一生懸命になっているのを見て、なんとか手助けをしなくてはと「朝の散歩」を私の役割にしました。あれから11年、娘は12歳になりましたが、冬場の寒い朝も散歩は毎日続けています。

　私の仕事は帰りが遅く、正直、最初の頃は朝6時に起きることはきつかったです。当時の娘は、まだ歩くことができず、おんぶをして散歩をし、外気に触れさせることから慣らしていきました。早起きをして散歩をすることで、娘は風邪も引かなくなり、丈夫になりました。何より私自身が早起きに慣れ、散歩をすることで朝食が美味しく食べられ元気になりました。

　娘が4歳になり、弟が産まれました。家族が増えたことで、ますます妻への協力が必要になりました。休みの日は、家事の手伝いも増やし、日々の生活の中での「朝の散歩」は、日課となりました。

　家族揃って朝6時に起床。娘の着替えやトイレの援助を済ませてから息子も一緒に3人で散歩へ出かけます。現在は娘も歩いて散歩に行けますが、日によっては子どもの機嫌の悪い朝もあります。そんな日は、こちらが面白い動きなどをして見せて子どもに気分転換させてから散歩に出かけます。この間に妻は洗濯やら食事の支度をしています。

　娘が入学し、妻が仕事を始めると、ますます朝の時間が忙しくなりました。妻を何とか手助けをしたいと思って始めた「朝の散歩」でしたが、今では、仕事の帰りが遅い私にとって、子どもと触れ合う貴重な時間へと変わっています。

　我が家のように共働きの家庭では、夫と妻それぞれが、「自分にできることを行う」という協力体制が必要です。夫の協力が、共働きを可能にしていると思います。そしてお互いを支えてこそ、子どもの成長があると実感しています。

事例15　**遠距離通勤でも　できます、やっています**

【西山家の父親の手記】

　娘は本当にこだわりが強く、何かの拍子にすぐにパニックになっていました。私は仕事が土日休みなので、休日は家族全員で過ごすことが多いのですが、娘は私にほとんど関心を示さず、私が近づくと妻の方に逃げていってしまい、父親として娘とどう関わっていいのか分かりませんでした。

　娘が「ゆうゆう」に入園して、私が最初に始めたのは「朝の散歩」です。私は、東京まで片道２時間の通勤をしていますので、朝６時に家を出発し、夜９時頃に帰宅というのが基本でした。しかし、朝の散歩に行くために出社時間をぎりぎりにして、40分遅く家を出ることにしました。これまで数年間、始業時間より１時間ほど早く出社するのが日課だったため、仕事に対して少し不安も感じていました。

　「朝の散歩」を日課としてはみましたが、最初は妻も参加して家族全員でないと散歩に行くことができませんでした。妻が散歩に行かない時は、娘はかたくなに散歩に行こうとせず、怒って抵抗していました。私は「ゆうゆう」で、「ニッコリ笑って行為は譲らず」と、学んでいたので、娘がどんなに嫌がっても笑顔で譲らず、散歩に連れていきました。少し歩き出すと娘の機嫌が良くなるので、一緒に「せーの、ジャンプ」と言って飛び跳ねたり、電車ごっこをしたり、楽しませながら散歩をしました。そうして毎朝、できるだけ楽しめるように工夫していると、私だけでも娘は抵抗せず散歩に行けるようになりました。

　入園前の平日はほとんど子どもたちと接する機会がありませんでしたが、「毎朝散歩をすること」で、余裕を持って娘たちと接することができるようになりました。今思うと、私自身が出社時間にこだわりを持っていたかもしれません。現在でも仕事に何も支障はありませんので、親である私自身もこだわりを捨てて、毎日子どもたちと過ごす時間ができたことは本当に良かったです。

　「愛情を持って笑顔で譲らない（我慢させる）」、「できたらほめる」という子どもに対する接し方は、「ゆうゆう」で学んだ我が家の宝物です。

② 親は子どもの言いなりにならない

親が主体の子育て

- 子どもが欲しがっても必要以外は与えない。

- 手をかけ過ぎない育児。

- 手のかからない子ども。

- 自立心が育つ。

- 他人のことを気遣い、いたわれる。

- 社会性のある、がまん強い子どもになる。

子どもが中心の子育て

- 子どもの要求は何でも聞き、欲しがるだけ与える。

- 手を掛け過ぎた育児。（過保護・過干渉）

- 手のかかる子ども。

- 依存心が強く自立心が育ちにくい。

- 自己中心的で身勝手。

- すぐにキレやすい。荒れる子どもになりやすい。

1 子どもの「甘え泣き」に負けない

　子どもを「愛すること」は、子どもの「言いなりになること」とは違います。小さな子どもは、例えば「お菓子が食べたい」「買って欲しい」など、その時々に自分の欲求を「泣く」という行為で表します。「泣いてかわいそうだ」とか「泣かれるとうるさいから」と、泣かれる度に譲ってしまうと、子どもは「泣けばおとなは思い通りになる」ということを誤学習していきます。それが積み重なると、「がまんすることのできないわがままな子ども」がつくられていきます。「子どもの『甘え泣き』に負けないおとなの強い意志」は、やがて成長していく子どもの「誘惑に負けない強い意志」を育てます。

```
          子どもがお菓子を欲しい
          と泣くので、親が「一つ
          だけね」と答えた。
         ↙                    ↘
「一つ」と言ったら、欲しが      子どもが「もっと欲しい」と泣
っても「一つだけ」にする。      くので、次のお菓子を渡す。
        ↓                           ↓
子どもに泣かれても、笑顔        子どもに泣かれる度にお菓
を向けて、譲らない。            子を与える。
        ↓                           ↓
誘惑に負けない強い意志を        泣いて、「わがまま」な子ど
持った賢い子どもになる。        もになりやすい。
```

事例 16　泣き叫んでいた子どもに笑顔が

【指導員の手記】

　その日の子育て講座には0〜3歳児を持つ20組ほどの親子が集まっていました。その中に、ギャーギャー泣いている子どもが一人いました。お母さんが抱っこしていたその子どもを床に降ろそうとした瞬間に泣き声は一層高くなりました。お母さんはコアラ抱っこ（対面してピッタリくっつく抱っこ）をして何とか泣き止ませようとしています。でも、なかなか泣き止みません。そんな中、始まりの時間になりました。

　泣き声は、話している私の声が聞こえにくくなる程の大声になりました。するとお母さんはコアラ抱っこをしたまま荷物を持ち、会場の出口に向かい歩き始めました。私が「お母さん！どうしたの？」と声を掛けると、「子どもが泣き止まないので帰ります。」と言うのです。私はニッコリ笑って「お母さん、せっかく遊びにきたんだから子どもは泣いてもいいから遊んでいきましょう！」と、止めました。お母さんは大泣きする我が子と私に挟まれて帰るに帰れなくなり困っていました。子どもはさらに泣き声を大きくします。私は子どもをお母さんから離して床に降ろしました。子どもはお母さんの足にくっついて更に大泣きします。それを無視してお母さんの荷物を元に戻してもらい、お母さんと手を繋ぎ、皆の待っている輪に戻りました。子どもはお母さんの足元で泣いてもダメだとわかると出口の方に行き、泣き続けます。お母さんは、泣く子を目の前にオロオロしているので、私はお母さんの耳元で「お母さん、なるたけ楽しそうに笑って遊んでみせてね。必ずお子さんは泣き止んで遊びに参加しますよ。」とささやきました。半信半疑だったでしょうに、とても素直なお母さんは私を信じてくださり、一生懸命ニコニコ顔をつくって遊び始めてくれました。それでも子どもは泣き続けます。それから10分ほど経ったでしょうか。お母さんが本当に楽しそうに笑って遊び始めた頃です。あんなに泣きわめいていた子どもがピタッと泣き止み、自らお母さんのところへ来て一緒に遊び始めたのです。それもとっても楽しそうに笑いながらです。

2　命にかかわることは「ダメ」と叱る

　絶対に「ダメ」なことは、「命にかかわること」です。
　自分だけでなく、人も動物も植物も全て「大切な命」なのだと教えます。わかるまで繰り返して教えます。
　「ゆうゆう」では、あれこれ「ダメ」「ダメ」と言わずに、絶対にいけないことだけを「ダメ」と教えます。

危険な川に入っては「ダメ」

道路に飛び出しては「ダメ」

命に危険があることは、**ダ　メ**

人を傷つけたりいじめたりしては「ダメ」

小動物をいじめては「ダメ」

3歳くらいまでの子どもの 「叱り方」

その場で叱ります。
時間の概念は「今」しかありません。
後で叱っても分かりません。

子どもの目線まで身体を
低くして、子どもの目を見て、
怖い顔で「ダメ」と、一言叱ります。

くどくどは言いません。

普段の声より低い声にして、
表情と声とで
「叱っているんだ」と、
伝わるように叱ります。

決して体罰はしません。

> 体罰は、
> 1. 痛み、恥辱が記憶に残り、叱られた理由は残りません。
>
> 2. 自分で受けた体罰を、自分より弱いものへと転嫁しやすくなります。

❸ 「やってはいけないこと」は、「行動を止めて」教える

「やってはいけないこと」とは、

<u>社会性に関するもの</u>
- 弱いものをいじめては「いけない」
- 他人の物を盗っては「いけない」
- 他人の物を食べては「いけない」
- テーブルに上がっては「いけない」など。

<u>公共性に関するもの</u>
- 人のいるところでは騒いでは「いけない」
- お店の商品に勝手に触っては「いけない」
- 電車やバスの座席に土足で上がっては「いけない」
- 公園の水道で水遊びをしては「いけない」など。

　３歳くらいまでの子どもには時間の概念は「今」しかありません。「やってはいけないこと」は、その時点で教えましょう。後で教えようと思っても無理です。

　また、４歳くらいまでの子どもには「ことば」で「行動を止める」ことはできません。ことばだけで「しちゃダメ」と何度言っても効き目はありません。「やってはいけないこと」は、その都度、行動を止めて教えていきます。

　おとながその都度行動を止めて「やってはいけない」ということを繰り返し、繰り返し教えることが大切です。子どもが止めるまで決して譲りません。行動を止める時には叱らなくていいのです。ニッコリ笑って行為を譲りません。「ことばで行動は止められない年齢だ」と理解すれば、イライラせずに済みます。

テーブルに上がろうとする子どもの場合

> 良い例

<u>行動を起こす</u>　<u>その直前に</u>　<u>素早く</u>　<u>行動を止めます。</u>

子どもがテーブルに上がろうとするその直前に即、肩を軽く押さえて<u>行動を止</u><u>めます</u>。

子どもが振り向いて、目が合ったら、<u>ニッコリ笑って</u>「上がらないよ」と、教えます。

ここで大事なことは、「叱らない」ということです。「行動を止めて上がらせなければよい」のです。

> 悪い例

子どもがテーブルに上がってしまってから、「上がらないって言ったでしょ！」とお尻をぶつ。

電車やバスで、マナーの悪い子どもの場合

良い例

子どもが動こうとする<u>直前に</u>　<u>素早く</u>　<u>行動を止めます。</u>

動きそうになったら、即、肩を軽く押さえて行動を止めます。

子どもが振り向いて、目が合ったら、<u>ニッコリ笑って「座っていようね」</u>と、教えます。

悪い例

子どもの好き勝手に遊ばせておき、子どもが座席に土足で上がってもスマホや携帯から目を離さずに、口だけで叱る。

4 自傷行為に惑わされない

〈自傷行為に惑わされない〉

　自傷行為は、親や周囲の人の気を引くための行為です。驚いて止めると、助長されます。自傷行為は、例えばこんなふうに始まります。

　お母さんが洗濯物を干している時、子どもがお母さんを呼びました。お母さんは「はーい、ちょっと待ってて。」と返事をしましたが、一向に来る気配がありません。そこで子どもは泣きました。でもお母さんは相変わらず返事ばかりでそのまま洗濯物を干しています。それではと、子どもは床に頭をゴチゴチしました。するとさっきまでは一向に来る気配の無かったお母さんがすぐにとんで来て、真剣な表情で「そんなことしたら痛いでしょ。ゴチゴチしちゃダメよ。」と止めたのです。そのような経験を重ねる中で、「頭をゴチゴチ（自傷行為を）すればお母さんがすぐ来てくれる」と、学習するのです。

　子どもは親の気を引くために、いつでもどこでも自傷行為をするようになります。親がその行為を止めれば止めるほどますますその自傷行為が助長されます。止められることによりエスカレートしていくのです。

　そのように学習した子どもは、買ってほしい物がある時や、自分の思い通りにならない時に頻繁に自傷行為を繰り返すようになります。自傷行為をさせないようにと、親が子どもの言いなりになっていると、いつになっても改善できません。

　自傷行為をなくすには、まずは親が「自傷行為に惑わされない」という姿勢をみせることが大切です。子どもがギャーギャー泣いて頭をゴチゴチしても、ド〜ンと構えて反応しないようにします。そうすると、自傷行為をしても親は驚かないということを学び、しばらくして自分で立ち直ります。

　立ち直って子どもが親の所まで来たら「がまんできて偉かったね。」と、思い切り笑顔を向けて抱きしめます。こうすることで「がまんする力」がつき、自傷行為もなくなります。

自傷行為

子どもが自傷行為をしても親はオロオロせず、気にしないふうを装う。

子どもから見える場所で、兄弟たちと、なるべく楽しそうに笑いあって遊んで見せる。（「ジャンケンポン。あっち向いてホイ」等）
自傷行為をしても親の関心を得られないことを教える。

子どもが機嫌を直して親のところに来たら「がまんできてえらかったね」と、抱きしめて、満面の笑顔でほめる。

このような対応を繰り返す中で、子どもは、自傷行為をしても親の関心を得られないことを学習する。

自傷行為を止めさせようとして、子どもに声を掛ける。

ますますエスカレートして、自傷行為がひどくなる。

おとながオロオロして、止めれば止めるほど、自傷行為を繰り返すようになる。

自傷行為の対応のしかた

その1

「ど〜ん」と構えて反応しない。

子どもが頭をゴチゴチ始めても気にしないそぶりを装います。

人目を気にして反応してはいけません。

自分で承知しながらやっているので、気が済むまで泣かせておけば、少し経ってから立ち直ります。

その2

「自傷行為をしても駆けつけないよ」という態度を示す。

親が兄弟（姉妹）と、意識的に楽しそうに遊んでみせます。

みんなで笑っていると立ち直りが早いです。
※立ち直ったら笑顔で抱きしめましょう。

事例17　ニッコリ笑って行為は譲らず

【〇くんの母親の手記】

　２歳の息子は１歳半くらいからあらゆる場面でよく泣くようになり、自傷行為（床に頭を打ち付ける）を繰り返していました。泣けば、親の私が言いなりになると思っているようでした。例えば買い物に行くと必ずお菓子売り場に直行し、その場から離れなくなり、無理矢理別な所に連れて行こうとすると、床に寝そべって大泣きしました。買い物に行くたびにそれを繰り返す息子を見て、疲れはてて帰ってきました。正直、他人の目もあり、泣かせていることを恥ずかしく思い、大泣きされてはお菓子を買い与えていたので、買い物に行くたびに大泣きは続いていました。

　その頃保健センターの講座でお世話になった今井先生から乳幼児の時期に「がまんする力」をつけておくほうが良いと教わったこともあり、私自身もこれでは「がまん」ができない子どもに育ってしまうという恐怖感を抱き、子どもに泣かれようがわめかれようが「買わない」と言ったら買わないと決め、実行にうつしました。子どもと同じくおとなであり、母である私自身の「がまん」でもあります。

　どうすればこの現状を回避できるか今井先生に相談したところ、お店に入る前に「今日は買わないからね。」と一言いい、がまんできたら「よくがまんできたね。」とほめることが大切だと教わりました。

　最初はなかなかうまくいかなかったのですがある日のこと、私が子どもが持っているお菓子を戻してレジに向かおうとしたら、少しグズったものの諦めたのか一緒に歩いて来てくれました。「やった～！！」と思いました。そして、その時思いっきりの笑顔で息子を抱きしめてがまんできたことをほめました。

　それからは、その都度、ニッコリ笑って「買わないよ」と言い聞かせ、「買わない」と言ったら「買わない」ということを態度で示しました。その繰り返しが良かったようでグズらなくなり、自傷行為もおさまりました。

事例18 「がまんさせること」の大切さを知った

【Hくんの母親の手記】

　我が家の長男には発達の遅れがあり、私の心は、長男ばかりに向いていました。そのためなのか、次男は、1歳になった頃から要求が通らなかったり、思い通りにならなかったりすると、泣きながら自傷行為をするようになりました。私はそのたびに、駆け寄って行為を止めていました。そんなことを日々繰り返しているうちに、わがままな要求が助長され、注意すればするほど逆にもっと激しくゴチゴチしてアピールするようになりました。

　長男が「ゆうゆう」に通園するようになったある日、今井先生に「この子はいつも頭をゴチゴチするの？」「ゴチゴチしたら、いつもどうしてるの？」と聞かれ、「急いで行為を止めにかかる」と答えると先生は、「それを止めさせたいと思うなら、放っておけば良いの！　痛いのはその子自身なんだから！」と笑って言うのです。でも私には先生の言っていることが理解できず困惑していると、「親やおとなの注意を引くためにしているのだから、それに惑わされず、放っておくの。泣いたり頭を打ちつけたりしても親が思い通りにならないのだということをわからせていくことが大事でしょ？　本人の機嫌が直ったら満面の笑顔を向けて抱きしめてね。一緒に身体を動かして楽しく遊ぶことを忘れずにね！」と言われました。

　家に帰ると早速、要求が通らずにゴチゴチして泣きわめいている次男に対し、心の中で「早くやめて…」とイライラしつつも心を鬼にして無視したフリをして放っておきました。そのうち泣き止み、いつの間にか笑顔に戻り、私の膝の上にきたのです。驚きました。今度は私も次男に笑顔を向けて、一緒に身体を動かして遊びを楽しみました。

　一度はこうしてうまくいったのですが簡単に直るわけもなく、その後も次男は怒ると相変わらずゴチゴチしていました。ですが、私も「その行為に惑わされないぞ！」という強い意志を持ちながら気にしていないそぶりを見せ、機嫌が戻ったら、笑顔で抱きしめて遊び相手になる、ということを繰り返し繰り返し続けました。そのうち、ゴチゴチは徐々に減ってきました。1ヵ月ちょっとかかりましたが全くしなくなりました。

事例19 ストレスの塊だった我が家

【らいくんの母親の手記】

　息子は３歳２ヵ月で「ゆうゆう」に入園しました。入園時の息子は、自傷行為がひどく、気にいらないことがあれば頭を何度も床に打ち付けることがありました。他傷行為は自傷行為に比べて少なかったですが、たまに家族や身内の顔を引っかいたり、髪を引っ張ったりすることがありました。私は、息子のそんな毎日の行動にイライラし、怒鳴ってばかりいました。自傷行為は、日に日に悪化する一方でした。同時に親子関係も悪化し、叱ってばかりの毎日にストレスを感じ、私はうつ状態になってしまいました。

　息子は、偏食もひどく、毎日何度も頭を打ち付けて叱られてばかりいたので息子のストレスもひどいだろうと主人とよく「この子はきっと長くは生きられないんじゃないかな。」と話したものです。

　先が見えないストレスだらけの毎日の中、今井先生に出会いました。「自傷行為をしたら怒鳴らずに無視をして、わざと他の姉妹と楽しそうにあそんでみせ、本人が立ち直るのを待つ」「他傷行為をしそうになったら事前に行動を止め、『大好きだよ』とハグをする」「普段の生活の中で、笑顔を向けて『大好き』と抱きしめることを増やす」と教えて頂き、さっそくその日から実践してみました。「大好きだよ」と抱きしめ、笑顔を向けるように心がけていると、他傷行為はすぐになくなりました。

　自傷行為はなかなか落ち着きませんでしたが、怒鳴らないようにして、できるだけ笑顔を向けるようにしました。「大好きだよ」と、息子をたくさん抱きしめることを増やすために、家ではテレビやビデオを見るのを減らし、息子にできそうな「お手伝い」を増やし、ほめることを増やしました。ほめていると、息子が可愛く思えるようになりました。息子は精神的にとても落ち着きました。表情も柔らかくなり、笑顔が増え、親子関係も良くなりました。

　１年経った今、行動や言葉で色々なことを伝えられるようになりました。私のストレスは減り、親子共に笑顔が増え、長引いていた自傷行為もなくなりました。

5 他傷行為にひるまず、笑顔を向ける

　他傷行為は「叩く」「噛みつく」「髪の毛を引っ張る」「つねる」「引っ掻く」などの他者を攻撃する行為です。どんな行為の場合でも、幼児期のうちに「やってはいけない行為」だと教えておかなければなりません。他傷行為は年齢と共にエスカレートしていき、被害も大きくなります。

　他傷行為は、そのたびに叱っていても直りません。直すには、その時々の対処法と長期の取り組みとが必要ですが、根底には、子ども自身が「愛されている」という心の満たされが必要不可欠です。

〈親が叩かれそうになった時の対応のしかた〉

ア）叩かれそうになったらその時に、素早く子どもの手を持って叩かせないようにします。

イ）事前に止めることができたら、満面の笑顔を向けて「大好きだよ」と、抱きしめます。叩かれてしまったら、怖い顔で一言「ダメ」と、叱ります。

※「噛みつく」「髪の毛を引っ張る」「つねる」「引っ掻く」の対処法も「叩く」と同じです。その行為をいかに事前に止めるかが大事なポイントです。そして何より、子どもに笑顔を向けて、「あなたが大好き！」と、気持ちを伝えることが大事です。

〈こころを穏やかにするための長期的な取り組み〉

ア）「お手伝いを一緒にさせる」などの生活の中で、親が笑顔を向けて「あなたが大事、大好き」ということを、子どもに伝えます。

イ）早起き・早寝（幼児〜小学生低学年ころまでは、6：00起床　20：00就寝。小学生高学年は21：00就寝を目安）、夜は暗闇と静けさの保障をします。カーテンを新調する際は、遮光カーテンにしましょう。

ウ）親が「子どものわがまま」に振り回されず、ことばに責任を持ち、「おしまい」は「おしまい」と、終わりにする勇気が必要です。

他傷行為

子どもが叩こうとしたら、叩かれる前に素早くその手を持って、叩かせない。

「痛い」「止めて」「ダメ！」等、怖い顔と大きな声で叱る。

叩かれないようにしながら、満面の笑顔で「大好き」と言って抱きしめる。

叱れば叱るほど、エスカレートする。

普段、機嫌のよい時にお手伝いをさせるなど、ほめる機会を増やす。

他傷行為を繰り返すようになる。

他傷行為（叩く場合）の対応のしかた

その1

叩かれる前に、子どもの手を止めます。
叩かれてしまった時は、怖い顔で「ダメ」と叱ります。

その2

子どもに叩かれないようにしながら抱きしめます。

その3

抱きしめて「大好き」と言うと、子どもは穏やかになります。
※この対応をくり返すことで他傷行為はなくなっていきます。

事例20 苦しい子育てから楽しい子育てに

【Yちゃんの母親の手記】

　次女は自閉症です。こだわりが強く、度々パニックを起こすので、私もイライラすることが多く、家族に怒ってばかりの生活でした。姉妹で一緒に何かをさせようと思っても、次女が騒いで長女のものを破いたり、散らかしたりするので、一緒にすることができませんでした。私は、次女に関わるのが精一杯で、長女のことまで気がまわらず、長女が悪くないのに長女を怒ってしまうこともありました。次女には、「ダメ」と言うことが多くなり、ほめることは無くなっていました。叱られるばかりの次女は落ち着かず、どんどんひどくなっていきました。パニックを起こして暴れることも頻繁になりました。そんな次女を見ると、私が怒り姉も怒る、の繰り返しでした。

　「ゆうゆう」に入園して、今井先生から「『ダメ』と言う時は『命に関わる時』と『人を傷つけた時』。余分な『ダメ』は言わずに、『いけない行動をしようとした時には、行動をする前に止める』『できたことに目を向けるようにしてほめることを増やすように』」と教えていただきました。

　叩く、引っ掻く、噛みつくなどもひどかったのですが、やる前に止めて「叩かないよ」と笑顔で伝え、抱きしめたり、揺さぶったりして笑わせるようにしました。引っ掻きそうになった時、噛みつこうとした時に、「事前に止めて笑顔を向ける」を繰り返していると、他傷行為全てがなくなりました。

　次女が落ち着いてくると、他傷行為をしてしまう時は、本人が不安な時と寂しい時と気づきました。「愛情」と「笑顔」がとても大事です。私も娘たちに笑顔を向け、ほめる場面が増えました。

　半年経った今は、親子みんなで同じこと（お絵描き、粘土など）を楽しんでできるようになりました。次女は長女の真似をしたり、長女も次女と私と一緒にできることを楽しめるようになりました。私も２人の新たな成長を見ることができ、子育てがすごく楽しくなりました。

事例 21　「向かい合い」の大切さ

【指導員の手記】

　「ゆうゆう」に全盲のてっちゃんが入園しました。登園初日、てっちゃんに顔を近づけて「おはよう」と声を掛けると、とたんに叩かれました。叩きながらつねります。首筋や腕、どこでも手に触れた皮膚はつねります。そこで、つねられないようにてっちゃんを抱きしめて「てっちゃん大好きだよ。」と耳元でささやきました。すると、「ガーン」と思い掛けない頭突きが飛んできました。私の左目はピカッと光り、かなりの痛さでした。目を押さえて痛みをこらえていると、彼がすかさず言ったのです。「イタイでしょ、たたいちゃダメ！おこらないの？」と。そのことばを聞いて、それらの攻撃的な行動の訳がわかりました。「叱られる行為が注目を集める」と誤学習してしまっていたのです。

　そこで私はてっちゃんのことばには返事をしないで、頭突きとつねりや叩きに用心しながらてっちゃんを再び抱きしめました。そして耳元で、「てっちゃん、今ちゃん（私の愛称）は、てっちゃん大好きだよ。」と、ささやきました。てっちゃんがどんなことばを返してきても、それには答えず「てっちゃん、大好きだよ。」と数回繰り返して言い、笑顔を向けました。その結果、てっちゃんは、叩くのを止め、つねるのを止め、もちろん頭突きも止めました。

　午後になって迎えに来たお母さんの前で、てっちゃんは、私の両手を握ってピョンピョン両足跳びして喜びを表現しました。

　お母さんにお聞きすると、妹が産まれ、赤ちゃん返りが始まると同時に、赤ちゃんや姉や母親を、つねる・噛むなど、いけないことをして親に叱られることが増えてしまったとのことでした。

　次の日、通園したてっちゃんに「おはよう！」と、笑顔で声を掛けると、返ってきたことばは、「ゆうゆうの今ちゃん、スキ。」でした。2日目も苦手な遊びの時に2〜3度つねりがありましたが、3日目には、無くなっていました。頭突きや叩きなどの攻撃行為も、もちろん全く無くなりました。

　そして、笑顔の可愛い皆から愛されるてっちゃんになりました。

事例22 ガミガミ子育てから笑顔子育てに

【リオくんの母親の手記】

　リオは、自閉症の男の子です。ことばはたくさん話せますが、会話になりにくく一人でおしゃべりしていることが多いです。

　「ゆうゆう」に入園する前の息子は、親をぶったり足で蹴ったりすることが度々ありました。「ぶっちゃダメ！」「イタイでしょ。止めて！」と私は息子に注意しましたが、いくら口で注意してもますますエスカレートするばかりでした。

　自分の思い通りにならないと、外でも道路でもひっくり返って大騒ぎをしていました。私は、外ではその場が恥ずかしく、息子を抱っこして走り帰り、家ではガミガミと怒っていつもイライラしていました。

　「ゆうゆう」に入園して、それらの行動は「自分をもっと見てほしい」「親ともっと関わりたい」と思っているからだと教えてもらいました。

①騒いだからといって抱っこしない。
②必要以上にクドクド言わない。
③本人が立ち直って自分で歩いて来るまで声掛けしないで待つ。
④がまんできたら抱きしめてほめる、を日々の生活の中で実践しました。

　買い物に行って騒いだ時に、「今日は買わないよ。」と一言だけ言って先に行き、見えないように様子をうかがい待っていました。しばらくは泣いて騒いでいましたが、自分の足で私の所まで来ることができました。私は嬉しくて「えらかったね。」と言って抱きしめてあげました。息子はとても嬉しそうに笑って抱きついてきました。

　それからは、その時の気持ちを忘れないで、ぶったり蹴ったりする時は、「あなたが大好きだよ」の笑顔を心掛けました。今では台所でのお手伝いが大好きになり、タマネギの皮をむいたり、こんにゃくをスプーンで切ったり、積極的に親との関わりを持てるようになりました。そうすると心も落ち着いて笑顔も多くなり、ぶったり蹴ったりしなくなりました。

事例23 子どもは親の鏡

【Wくんの母親の手記】

　次男は現在6歳になりました。3歳で「ゆうゆう」にお世話になった頃は、まだとても幼く、のんびりとした子どもでした。4～5歳になると動きも激しくなり、行動範囲も広がってきました。

　ところがその頃になると、普段の何気ない生活の中で、自分の思い通りにならないことがあったり兄と喧嘩をしたりする時に、大きな声で泣きながら頭を床に打ち付けてみたり（自傷行為）、人の肌を強くつねったりする行為（他傷行為）をするようになってしまいました。「そんなことをしちゃいけないでしょう！」と言いながら止めても、止めれば止めるほど自傷行為も他傷行為もエスカレートしていきました。

　面談の時に今井先生に相談すると「自傷行為は、親の気を引く行為なのでケガをするほど強くは打たないから大丈夫。見て見ぬふりをして、近くで長男となるたけ楽しそうに遊んでみせましょう。自傷行為をしても親が気にしてくれないと分かれば自傷行為を止めて遊びに参加してきます。他傷行為の時は、つねられる前に手を持って止め『大好きだよ～』と抱きしめます。つねられてしまった時には子どもの目をしっかり見て『ダメ』と、一言叱ります。親は、つねり返したり叩いたり、暴言をはいたりしてはいけません。それらが助長されてしまいます。どちらにしても、子どもが機嫌の良い時に一緒にからだをいっぱい動かして遊ぶようにしましょう。心の満たされが大事です。例えば夕食の準備を一緒にしたり、洗濯物を一緒にたたんだり、掃除を一緒にしたりとか何でもいいのでお手伝いをさせてください。手伝ってくれたことやできたことをほめることを忘れないでね。」と、教えてくださいました。

　早速、家に帰ってから一緒にお手伝いをさせて、ほめました。子どもたちは私と一緒にやることをとても楽しんでいました。我が家には笑顔が増えました。その繰り返しで次男の自傷行為や他傷行為は減ってきました。

　親が自分に余裕がなくなってしまった時こそ、笑顔を忘れてはいけないんだなぁと強く思うこの頃です。子どもは自分の鏡です。

発達のみちすじに応じた対応をする

〈発達の３つの法則〉

- **屈曲優位から伸展優位へ**
  赤ちゃんは屈筋の方が強く働いています。
- **上から下へ**
  運動機能は上から下へ発達していきます。
- **中心から末端へ**
  肩→肘→手首→小指側から親指へと発達していきます。

1 10ヵ月ごろの特徴

- 人見知りの始まり。（7～8ヵ月頃から）
- 「はいはい」する力が育つ。（8～9ヵ月頃から）
- 「やりとり遊び」（物のやりとり・動作のやりとり）ができる。
- おとなが「バイバイ」したら、手を「にぎにぎ」して「バイバイ」する。

〈「はいはい」するなかで、歩くための準備の力が育つ〉

- 後ばい（7～8ヵ月頃）→・腹ばい（8～9ヵ月頃）→・よつばい（9～10ヵ月頃）→・高ばい（11～12ヵ月頃）
  ※「立つこと」を急がせずに、たくさんはわせましょう。

〈はいたがらない子どもへの対応〉

ア）ほんのちょっと（5秒くらい）「うつぶせ」にします。

イ）「うつぶせ」になれたことを満面の笑顔と抱っこでほめます。
ウ）少しずつ「うつぶせ」の時間を増やしていきます。
エ）親が、はってみせましょう。楽しそうにはうのがコツです。
オ）赤ちゃんがはったら満面の笑顔と抱っこでほめます。
カ）「うちの子は無理」、と諦めずにはわせる努力をしましょう。

〈手が使えるようになる〉

「いたずら」と呼ばれる行為は、この頃からが始まります。

（9〜10ヵ月ごろ）　　　　　　　　　　　　（11ヵ月ごろ）

何でも引っ張り出す　　タンスの衣類を出す　　穴があったら入れる

〈ことばの前のことばの誕生「指さしの力」〉

（10ヵ月ごろ）・おとなが指さしたものを見て自分もそれをさす。
　　　　　　　（定位の指さし）
（15ヵ月ごろ）・自分が見つけたものを指さす。
　　　　　　　（要求の指さし）
（18ヵ月ごろ）・おとなの質問に指さしで答える。
　　　　　　　（志向の指さし）

〈留意点〉

「ゆさぶり遊び」は、首の立ち直り反応を育て、平衡感覚を養うと言われています。10ヵ月頃は、**ゆさぶり遊び**（抱っこしてゆったりと揺さぶるなど）**やりとり遊び**（「ちょうだい」で物のやりとり、手遊びの模倣など）**てつだい遊び**（ゴミをポイしてねなど）などを大切にしましょう。

コラム　移動する時は「おんぶ」で

〈おんぶひも〉

　次のような効果があります。

① 母親と赤ちゃんの進行方向が同じです。
② お腹を押されるので、呼吸器系が育ちます。
③ 赤ちゃんの背筋が伸びて姿勢が良く股関節も開きます。
④ 母親と同じ方向で物を見て同じものに共感できます。
⑤ 母親が転んでも赤ちゃんはケガをしにくいです。
⑥ 両手が空くので家事がしやすいです。

〈抱っこひも〉（抱っこの補助に使うものです）

　次のような心配があります。

① 赤ちゃんの体と進行方向が逆で、脳が混乱します。
② 赤ちゃんの背中が丸まりやすく、母親の腰にも負担がかかります。
③ 赤ちゃんが指さししても母親は気付けません。
④ 母親が転ぶと赤ちゃんが怪我をし易いです。
⑤ 家事で前かがみになると腰に負担がかかります。

〈バギー（ベビーカー）の乗せ方〉

赤ちゃんの体と進行方向が同じ

赤ちゃんの体と進行方向が逆

2　1歳半ごろの特徴

〈直立二足歩行の獲得〉

　　ハイガード歩行　→　　ミドルガード歩行　→　　ローガード歩行

　　（歩き始め）　　　　　　　　　　　　　　　　（1歳半ごろ）

　O脚からX脚へ

　抵抗のあるところ（砂利道や道路の縁石や電信柱と塀の間の狭いところ）を好んで歩きたがります。

〈歩くのが遅い子どもの場合は…〉

・「高ばい」をたくさんさせることが大切です。
・「ゆさぶり遊び」で平衡機能を育てます。

「高ばい」の姿勢を保つことから始めます

膝に乗せて揺さぶります

〈道具を使いはじめる〉

・親指と人さし指を対向させた操作ができるようになります。

口に運べる。

砂をすくおうとする。

いくつか積める。

〈手首のコントロールの力が育つ〉

牛乳をパックから
コップにつぎたがる。

1歳半ごろは、
手を使って
「物をいじくる遊び」
が大切です。

コップからコップへ
水を移し替える。

〈留意点〉

　1歳半から2歳半ごろにかけては、道具を使って変化する素材（泥や砂や粘土や紙など）に働きかけるあそびを大切にしましょう。粘土をこねて細長くした後にヘラを使ってトントン切るなども、そのひとつです。手を使う活動を豊かにすることによって手指の操作性が育ち、ことばの発達が促されます。また、二つの物を見比べて選ぶ力も獲得します。できるだけ選択場面を多くして、自分で選んでいく力を育てていくようにします。

歩き出した子どもへの対応

　子どもが歩き出した頃に「ここまでおいで」と、親が子どもを呼んで歩かせる場面をよく目にします。その時に、気をつけたいことがあります。親は「ここまで」と言った、その言葉に責任を持ち「ここまで」の場所で動かずに待つ、ということです。

　「ここまで」と言ったら、言動に責任を持って「ここまで」の場所で待ちます。子どもが着いたら抱っこして満面の笑顔で「来られたね」と抱きしめてほめましょう。ほめたら下ろして、親がまた後ろに下がり、再び「ここまでおいで」と繰り返すと、何度でも歩いてきます。

　子どもがヨチヨチ歩きながら近づいてくると嬉しくて、ついついバックしたくなるものですが、それは約束違反です。

　「ここまで」と言いながらバックすると、おとなのことばを信じなくなり、バックされるのが分かるので、繰り返すと歩いてこなくなります。

子どもが転んでしまったら…

歩き出した子どもが転んでしまった時は、大騒ぎをしないようにします。

子どもが泣くとすぐに抱き上げてやりたくなりますが、ケガの無い限り、子どもが立ち上がるのを待ちます。

事例24　転んで立ち上がる力

【大道芸人　野村　隆】

　私は、「大道芸人」という特殊な仕事をしていますが、「子育て」の分野にも携わっており、河添邦俊氏や今井寿美枝さんの本を読んで勉強しています。そんな私がある日、公園で体験したことです。

　私はその日、これから出番のパフォーマンスの準備をしていました。少し離れた所で3歳くらいの男の子とそのお姉ちゃんが母親と一緒に遊んでいました。私は準備をしながらも、何気なく子どもの遊ぶ姿を目にしていました。すると、3歳くらいの男の子が転びました。子どもはケガもしていないのに大げさに泣きました。母親は走って駆けつけて起こし、服に付いた砂を落としてあげました。男の子が転ぶ度に母親が走って駆けつけて起こし、付いた砂を落としてあげます。3回・4回と同じことを繰り返していたので、お節介とは思いつつも、私は笑顔で母親の側にそっと近づき、「子どもに合わせてはダメです。泣いて親を思い通りにする癖をつけさせるのはこの子のためになりません。今みたいにケガをしていないのに大泣きする時は起こしてあげずに、自分で立つのを待ちましょう。立てた時に大いにほめて」と説明しました。ちょうどタイミング良くまたその子が転び、泣き始めました。母親は子どもに走り寄りたいのをガマンして、私の方を見ていました。その子はさらに大泣きして母親の助けを求めました。私は「ガマン、ガマン。」と笑顔で母親に言いました。泣いても母親が来ないと分かると男の子はあきらめて、スクッと立ち、何も無かったように、また遊び始めたのです。母親は「凄い！一人で立った！」と驚いて、子どもをほめに行きました。

　印象的だったのは、ほめられた後の子どもの反応です。「は？」「なに？」という感じで、さっき転んだことも忘れて、今なぜほめられているのかも分からない感じでした。それを見て、最後に「『笑顔で、行為は譲らず』ですよ。」と、お母さんに伝え、その場を後にしました。

　親の想いとはウラハラに、子どもはのん気なものですが、「親の対応のしかたの大切さ」を改めて学べた出来事でした。

〈1歳半〜2歳ごろの特徴〉

「イヤ」「イヤ」「イ〜ヤ」
　「ジブンデ」「ジブンデ」のオンパレード。

　1歳半ごろになると自我が芽生え、「ジブンデ」「ジブンデ」と、何でも自分でやりたがります。でも、言うだけでできません。例えば車から下りる時に車のドアを開けてやると、「アケタカッタ」と言って泣きます。それではと、もう一度車のドアを閉めて開けさせようとすると、今度は「アカナイ」と言って泣きます。「イヤ」「イヤ」も同じです。おとなから言われる命令形のことばには、必ず「イヤ」と言います。
　これらは、「おとなの言いなりにならない。自分のことは自分で決めたいんだ」という気持ちが芽生えた「自律のための抵抗期」の特徴です。

　「自律のための抵抗期」、誰もが通る「みちすじ」です。
　ちょっと「待つこと」が大切です。毎日続くと、イライラすることもありますが、親は笑顔で「ガマン・ガマン」。

〈自我の芽生え〉

　1歳半～2歳ごろは、「イヤ」ということばを連発するようになります。

　この年齢の「イヤ」は、「おとなの言いなりにはならない。自分で決めたい」という気持ちを表わす「イヤ」です。

〈対応のしかた〉

　例）パンツ2枚から1つを選ばせます。
　　　自分で決められると満足します。

〈留意点〉

・パンツならパンツ2枚から、Tシャツなら Tシャツ2枚から選ばせます。「お風呂と夕食どっちにする？」とか、「パンとごはん、どっちにする？」などの選ばせ方は、ここでいう選ばせ方とは違います。これらは親が決めることであり、子どもに選ばせるものではありません。
・2歳半になると「ドッチモ イヤ」と言って逃げていきます。これも成長の証です。

3 2歳〜2歳半ごろの特徴

〈基本的な動作を獲得する〉

・両足で跳ぶ・走る・上る・しゃがむ・くぐるなどの基本的な動作を獲得していきます。

斜め姿勢の獲得

しゃがむ

両足で跳ぶ

・好んで正座をするようになります。

正座
筋力が付くと、自ら正座をするようになります。

> トンビ座りは、筋力の弱さの表れです。
> リズム運動や「はう運動あそび」で筋力を育てると、自然と正座ができるようになります。

トンビ座り（割座）

さり気なく、足を前に伸ばして座るように直します。

4 2歳半〜3歳ごろの特徴

〈ことばで考える力の誕生〉

>「赤ちゃん言葉」から「おとな言葉」へ

形容詞が使えるようになり、名詞＋動詞＋形容詞（助詞がない）の多語文が増えます。赤ちゃん言葉を使うのは、2歳半頃までにしましょう。

この年齢の子どもは、何度も「ドウシテ？」と、聞くようになります。ことばで考える力の誕生です。

「口は達者だが行動が伴わない」という年齢でもあります。

さらに、反対語も言えるようになります。

「スキ」↔「スキク<u>ナイ</u>」　「キレイ」↔「キレイク<u>ナイ</u>」など、後ろに「ナイ」を付けるのが2歳半ころの特徴です。

〈2歳児は質問魔〉

「ドウシテ？」「ナンデ？」と質問することが増えます。一度答えても、さらに「ソレハ　ドウシテ？」と、しつこく質問をしてきます。「ドウシテ？」「ナンデ？」は、「お話がしたいの」の表れです。「いちいちうるさい」と思わずに、子どもと会話を楽しむようにしましょう。

〈「あとでね」ではなくて「今」〉

3歳ごろまでの子どもには、時間の概念は、「今」しかありません。「あとでね」とか「大きくなったら習うから」などは使わないようにしましょう。この年齢の子どもは、気持ちを向けると、自分で答えをみつけます。

「ナンデ？」が何度も続き、しつこいと思える時は、「なんでかなぁ？」と、おとなの方から質問をしてみましょう。子どもは、「アッ、ワカッタ」と、勝手に自分で理由づけをして納得することが多いです。

「会話を楽しみたい表れだ」ということを忘れずに対応しましょう。

かたわらにおとながいても相手をしてあげないと奇声を発したりすることもあります。奇声をあげる子どもがいたら、奇声をあげることには触れないで、笑顔を向けて声掛けして遊んであげましょう。

〈「みたて」の力、「つもり」になる力が育つ〉
　２歳半以降の子どもは、「みたて」の力が飛躍的に拡大します。食べかけのパンを見て、「あ、ジドウシャになった」「あ、オヤマだ」など、みたてまくります。また、泥だんごをお団子にみたて、さらに食べる「つもり」の動作をします。
　同じものを見て同じ「みたて」ができるようになると、友達と一緒に「お菓子屋さんごっこ」や「電車ごっこ」など「ごっこ遊び」が楽しめるようになります。２歳児は、まだ「みたて」のイメージや「つもり」を友だちと共有できるほど豊かではないので、おとなの介入が必要です。

〈「かみつき」の多い子どもの場合は…〉
　１歳児ごろは、ことばや遊びを通して人とかかわる力がまだ弱く、かみついたり、髪の毛を引っ張ったりすることがあります。２歳半を過ぎても「かみつき」の多い子どもは、対人関係の育ちに弱さがあるようです。
　「かみつき」を叱ることよりも、日中に身体をたくさん動かし、よく笑いあって「おとなとの楽しい遊び」を豊かにしましょう。早起きして早寝することで、夜、質の良い睡眠がとれ、こころが穏やかになります。
　「かみつき」は、「おとなの笑顔での関わり」で無くすことができます。

〈自閉症の子どもの場合〉
　自閉症の子どもの場合は、「ことばの土台」である「身振りでの表現」や「指さし」の力に弱さが表れます。おとなが指さした物を見ずに、その指を見たり、物のやり取りができにくかったりします。更に、要求をする時にクレーン現象（おとなの手を借りて示そうとすること）が多いです。
　１歳半ごろまで出ていた単語もその後、消えることがあります。また、ことばが出ても名詞の羅列になりやすいのが特徴です。あえて「名詞＋動詞」をつかって話しかけましょう。
　早起き・早寝をして「生活リズム」を整えたうえで、日中に笑顔を向け、「はう運動あそび」をたくさんして「ことばの土台」をつくる「物のやりとりあそび（「ちょうだいごっこ」など）を大切にしていきましょう。

4 食事・排泄についてのQ&A

Q1　苦手なおかずは、どうやって食べさせるの？

A　偏食改善のためには、にこやかな笑顔で、譲らないことが近道です。また、食事だけではなく、「生活リズム」を整えることも大切です。親が主導権を持ち、子どもには寝たい時に寝て、食べたい時に食べるなど、好き勝手にさせてしまわないことが何より大切です。

偏食改善のすすめ方　その1.

　フォーク2本それぞれに、苦手なものを同じくらいの量、刺しておきます。2本のフォークを両手に持ち、「○○ちゃんのお口に入りたいな～」と言いながら、交互にフォークを上下させます。子どもは、面白がってどちらかのフォークを選んで食べることが多いです。

偏食改善のすすめ方　その2.

　フォークに好きなおかずを刺し、その上に苦手なおかずを少しのせて食べるように勧めます。それが食べられるようになったら、フォーク2本それぞれに、好きなおかずと苦手なおかず（最初は少し）を刺しておき、「こっちを食べたらこっちね」と、先に苦手なものを食べたら好きなものが食べられる、ということを教えます。

- おとなはニッコリ笑って食べて見せ、譲らずに待ちます。
- 食べられたら、おおいにほめます。
- 「苦手なものから食べ始める」を毎食繰り返して教えます。

〈子どもが食事を食べなかった時の対応のしかた〉

> バナナやお菓子を与えません。

> 牛乳やヨーグルトなどで補食はしません。

食事を食べなかった時は

> 水を忘れずに飲ませましょう。

> ジュース・炭酸飲料などの甘い飲み物はダメ！

　食事を食べなかった時は、次の食事時間になったら前回食べなかったおかずから勧めます。前回食べなかったことには触れないで、「おいしいね」と食べてみせ、苦手なおかずを少し食べたら好きなおかずを食べさせるようにします。子どもは賢いですから、2〜3回繰り返せば「苦手なものを食べたら好きなものが食べられる」ということを学習します。

　例えば子どもが食べなくても、親は自分の食事をあせらずに美味しそうに食べきります。子どもは親の様子をうかがってわざと大泣きをしたり、転げまわって騒いだりしますが、それを演じてみせて親のその時の対応を試すのです。オロオロせずにニッコリ笑って譲らないことが大切です。

　子どもの機嫌が直ったら笑顔を向けて<u>水を飲ませましょう</u>。かんしゃくを起こして食べなかった時は、次の食事時間まで待たせます。食事代わりにお菓子やくだものや牛乳などを与えると改善に時間が掛かります。

　「ごちそうさまね」と、子どもに告げた後は、親は自分のことばに責任を持ち、どんなに泣かれても再開しないことが大切です。泣かれたからと、可哀相に思い、そこで気持ちが揺れてまた食べさせてしまうと、子どもは「騒げば、また食べられる」ということを誤学習してしまいます。

　食事で譲ると、「親は、泣けば折れて言いなりになる」ということを学習します。親は意志を強く持って接していきましょう。

偏食改善のしかた

・身体をいっぱい動かす。
・食事と食事の間には、お菓子・牛乳・ジュース等を与えずに水かお茶を飲ませる。

身体を使って楽しくいっぱい遊ぶと、お腹がすく。

次の食事時間には、笑顔で苦手なものから勧める。
親も一緒に食べて見せる。

子どもが苦手なものを食べたら、おおいにほめる。

偏食なく、何でも食べる子どもになる。
友達や学校の教科にも好き嫌いがなくなり、「耐性」「協調性」のある子どもに育つ。

子どもの好きなものだけを与える。

好きなものだけを食べる子どもになる。

身体の不調を訴えたり、病気になりやすい。

食べ物以外でも友達や学校の教科などに好き嫌いを作りやすい。

「わがままな子ども」になりやすい。

事例25　子どもに「がまんさせる」ことは、親が「がまんする」こと

【Yちゃんの母親の手記】

　娘は、赤ちゃんの頃からとにかく敏感な子でした。1歳を過ぎると夜も昼も関係なく30分おきにおっぱいを欲しがることもあり、何かあるとおっぱいという感じで精神安定剤のように飲んでいました。離乳食もあまり食べず、睡眠もしっかりとれませんでした。断乳すれば色々食べるようになるだろうし睡眠もしっかりとれるだろうと思い、断乳してみるものの偏食が激しく睡眠も安定しませんでした。「人見知り」「場所見知り」が激しかったのですが、ポテトがあればどんな場所でも落ち着くことができ、次第にポテトが精神安定剤のようなものになりました。

　2歳になった頃には、外出時にポテトを食べずに帰るとパニックを起こすようになりました。4歳になり、「ゆうゆう」に入園してから数日は、お弁当を口にしませんでした。先生に「家に帰ればおいしいものが出てくるのが分かっているんだね。」と見透かされました。確かに家に帰ると山ほどのおやつを食べていましたので、その日からおやつを一切止めました。2〜3日食べない日が続きましたが、「笑顔を向け、譲らず食べられると信じて待つこと」と教わり実行しました。大泣きされても笑顔で譲らないようにしていると、1ヵ月でポテトがなくてもご飯や野菜を食べられるようになりました。それと並行して自傷行為や他傷行為もなくなりました。障がいがあるから…と諦めていたことも「できると信じて譲らない」ことで、いろいろなことができるようになることを教えられました。今まで私が娘の泣き声に負けて譲ってしまっていたと気付かされました。

　2ヵ月経つ今は、苦手な野菜があっても、好きなお肉の上に見えるようにしてフォークに刺し、待つと、色々な野菜を食べられるようになりました。

　「ゆうゆう」に入園するまでは、娘に騒がれるのが嫌で、好き放題させてしまっていました。ですが、娘にがまんさせるためには、まず親ががまんして娘に騒がれても言いなりにならないことが大事だと学びました。

事例26　偏食改善は「楽しく」がキーワード

【Nちゃんの母親の手記】

　次女は「ゆうゆう」に通園するようになって偏食がなくなりました。毎日残さず食べられるようになると、それまで気にならなかった長女が食事を残すことが多いことが気になるようになりました。食べるように言っても直らず、困っていました。

　私は次女ばかりを見ていて、長女のことは「お姉ちゃんなんだからできて当たり前」「そのうちできるだろう」と思うことが多く、できないと怒ってしまうこともありました。

　嫌いなものを残すと怖い顔で「食べないとダメ！」と叱ってしまうこともあり、長女が残すたびにイライラしてしまうことが多くなっていました。私が食事を楽しくすることを忘れ、叱ってばかりなので、長女も食事の時間が嫌になっていました。嫌いなものが出るとトラウマになり、食べることができず、食事の時間が嫌になっていたと思います。

　午後面談の時、今井先生に相談すると「食事を楽しくして、妹ばかりを見ず、姉と妹と一緒に楽しみながら食べようよ。」と具体的に楽しみ方をアドバイスしてくれました。

　そのやり方は、苦手な食材を２つのフォークに少しずつ刺しておき、長女の前で「ボクボク」「ワタシワタシ」と、２つのフォークを上下に動かし、長女にどちらかを１つ選ばせるという幼児向けのような進め方でした。こんなことで直るのかと半信半疑でしたが、長女はそれが楽しかったようで、その日から苦手なものも食べることができるようになりました。

　毎日３食完食し、今まで好きなものだけ食べ、苦手なものを残していたのが嘘のようでした。私が長女に向けた顔が「恐い顔から笑顔に変わったこと」も偏食改善の大きなカギだったと振り返っています。

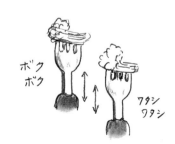

事例27　驚きの2週間

【Yくんの母親の手記】

　息子は、生後11ヵ月で障がいがわかり、医者から「一生歩くことができないかも知れない。」と言われました。毎日ひたすらリハビリを続けて、やっと歩けそうになったのは、2歳になろうとしていた頃でした。歩かせることに一生懸命だったので、食事や着替えなど、全てやってあげていました。息子は、少しのことですぐに泣き、私は泣かせないようにいつも子どものいいなりになっていました。

　2歳になって「ゆうゆう」に入園し、息子の食事のしかたと偏食改善が始まりました。入園するまでは、食事は、椅子に座らず立ったままフラフラと歩く子を私が追いかけて、スプーンで口へ運んで食べさせていました。まずは椅子に座ってスプーンを持って食べることから始めました。

　息子は、「椅子に座って。」というだけで抵抗し、椅子に座るだけで1時間以上かかってしまいました。スプーンを持たせようとすると投げて拒みます。怒らずに「笑顔でごちそうさま」と先生に教えてもらいましたが、つい大きな声になり、引きつった顔で「残念、ごちそうさまだね。」と言って終了する状態でした。「ゆうゆう」ではきちんと椅子に座ってスプーンにすくって食べられるのに、家では断固として拒否し、食べませんでした。

　驚いたことに、3日目の夜には自傷行為が始まりました。床に頭を打ち付け、口の中に手を入れ、吐く真似をしたり、コップの水を床にばらまいたり、別人のように激しく抵抗しました。今井先生に相談すると、先生は笑顔で「大丈夫、Y君はどこまですれば前のお母さんに戻ってくれるか試しているだけなんだよ。」「病気の治療の時に前より悪くなったように感じることがあるけれど、それを乗り越えるとグンと良くなるのと同じで、今を乗り越えれば絶対に良くなるから、わたしを信じて。」と言われ、その言葉を信じることにしました。その通り3日後には、自傷行為はまったく無くなり、椅子に座ってスプーンを持って食べられるようになりました。椅子に座ることさえ拒んでいたことが嘘のようです。たった2週間程で、そこまで変わったことに嬉しいのはもちろんですが、とても驚いています。

Q2 食事時間になっても子どもが椅子に座らない時はどうしたらいいの？

A 「食事だよ」と声掛けし、親は食べ始めます。

```
子どもに「食事だよ」と、声を掛ける。
```

↓（左）子どもが椅子に座る。　　↓（右）子どもが椅子に座らない。

[左ルート]
「いただきます」と言って食べ始める。
↓
椅子に座って食べられる子どもになる。

[中央ルート]
親は、「いただきます」と言って食べ始める。子どもには、「ごちそうさまにするね」と声を掛けて、叱らずに、にこやかに片づける。親は、そのまま食事を続ける。
↓
片づけをしてから、子どもが来て「たべる」と泣いても、ニッコリ笑って「おしまい」と伝えて、次の食事時間まで待たせる。
↓
椅子に座って食べられる子どもになる。

[右ルート]
親が子どもの後を追って、子どもの口に入れて食べさせる。
↓
椅子に座って食べられない子どもになる。

> ニッコリ笑って「おしまい」にします。

事例28 食事を食べられるようになった

【Aくんの母親の手記】

　うちの息子は4歳です。偏食が多く、突然「ごはん食べない！いらなーい！」と言って、食事を拒否することが増えました。何度か食事を摂るようにと促しますが、テーブルの所にも来ません。椅子に座らせようとしますが、「ワーッ、ギャーッ」と暴れて座りません。無理やり食べさせることもできないので、仕方なく「ごちそうさま」をさせて食事は片付けました。

　初めはそのうちに食べるだろう、お腹がすけば食べるだろうと思っていましたが、夕食を食べなかった次の日の朝食も食べないこともありました。私は「これではお腹がすいてしまうし、園で運動するのにも大変。お弁当には息子の好きなおかずやおにぎりを作ってあげようかな。」と、不安な気持ちでいっぱいになりました。

　そこで今井先生に相談すると「今、子どもが食べやすいようにとおとなが譲ってしまうと、これからも食事以外のことでもずっと子どもに振り回されることになるよ。」と言われました。

　そして「食べない」と息子が拒否したら…
①ニッコリ笑って「ごちそうさま」をさせて食事は片付けてしまう。
②食事をしなかったことを責めたり怒ったりもせず笑顔で対応する。
③食べた時には「しっかりご飯を食べられて良かったね。」と笑顔でほめる。
という3点に気をつけるよう教えてもらいました。

　その後もしばらく食べたり食べなかったりということが続きましたが、いつの間にか以前のように、椅子に座ってごはんを食べるようになりました。

　その後も時々は「食べない」と拒んだりしましたが、同じように対応すると引きずることなく次の食事の時は問題なく食べられるようになりました。子どもがどんな態度をとった時でも、この3点を守ることで本人の大好きなメニューに振り回されることなく、何でも美味しくごはんを食べられるようになり、親の対応のしかたは大事だなと感じています。

> **Q3 食事途中に、子どもが立ち歩く時は、どうしたらいいの？**

A　まずは、子どもが椅子から立ち上がらないようにします。
　　立とうとしたその時点で、肩をそっと押さえて止めます。
　　立ち歩いてしまった時には、その時点で「ごちそうさま」にして片付けます。水だけは飲ませます。

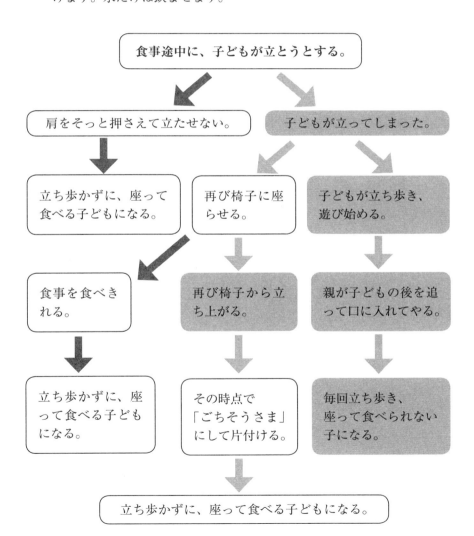

事例29 偏食改善の近道は「叱らずニッコリ」

【Rくんの母親の手記】

　幼稚園に通っていた息子は、席に座っていられず、一人で好きな所に行ってしまい、団体行動がとれませんでした。また、会話ができず、大騒ぎをして先生たちを振り回していましたので、息子のために先生が1人付いて幼稚園生活を送ることになりました。そんな折、小児科の先生に薦められ「ゆうゆう」に入園することになりました。通園して最初に変わったことは食事でした。野菜嫌いの息子は、食事時に必ず大騒ぎをするので、家では家族とは別のメニューにしていました。

　「ゆうゆう」では毎日母の手作り弁当なので、初日に「子どもの好きな肉類の他に、食べられない野菜を入れてきてください。」と言われました。家では野菜が出ると「ヤダ」「イラナイ」「タベナイ」の連呼で、大騒ぎしている息子ですから、こんなメニューはきっと食べないだろうと思っていました。ですが、返って来たお弁当箱は空っぽで、ビックリしました。先生たちは「こっちを食べたらこっちだよ。」と「苦手な物を食べてから好きな物を食べる」という姿勢を崩さなかったのだそうです。勧めるおとなは子どもが騒いでも叱らずに、ニッコリしていることがコツだそうです。「椅子に寝っころがって大騒ぎをしても動ぜず、笑顔で子どもが落ち着くのを待つ」ということは、簡単そうですが、大騒ぎする息子の声を聞きながらがまんするおとなも大変です。泣きに負けずに親ががまんすることが求められました。

　「ゆうゆう」に出会う前の私は、子どもの騒ぎにがまんできずに騒がれないように譲ってしまっていました。その結果、食事ごとに大騒ぎし、好きな物しか食べない子どもになってしまったのだと気付かされました。それからは家でも席から立ち上がったら「おしまいだよ。」と言って食事を下げてしまい、「好きな物を食べる前には苦手な野菜を食べる」ということを譲らないようにしました。これを繰り返すと、1週間で苦手な物も食べられるようになり、1ヵ月経つ今では、私の作ったおひたしや煮物も何でも食べ、立ち歩くこともなく、食事以外の場面でも落ち着いて集団行動がとれる笑顔の可愛い息子になりました。

Q4　よく噛むようにするためにはどうしたらいいの？

A　「噛む、混ぜる、飲み込む」がうまくいかない時には、「はう運動あそび」でたくさん全身運動をしましょう。また、食材は細かく刻まず、柔らかすぎないように調理します。

> ごぼうやレンコン、塊の肉など、噛みごたえがある食材をおとなと同じ大きさに切り調理します。

> 口の中が空っぽになったら、水を飲むようにしましょう。食べている途中に水分を取ると噛まずに飲み込んでしまいます。

Q5　水を飲みたがらないのですが…。

A　おとなが水を美味しそうに飲んで見せましょう。
水を嫌がるからとジュースを与えると、子どもは水を嫌がればジュースが飲めるという誤学習をしてしまいます。

> お風呂から出たあとも水を飲ませましょう。

> 水が飲めると食物本来の味がわかり、いろいろな食材を食べられるようになります。

> 子どもの身体は、70％が水分です。運動の後には必ず水分補給をさせましょう。

Q6 好きな物が食べたいと言って食器を投げたり、フォークやスプーンを投げたりする時はどうしたらいいの？

A 叱る必要はありません。「投げたら食べられない」ということを教えればいいのです。

　親や周りのおとなは怒らずに、子どもに投げたフォークやスプーンを拾わせます。「ごちそうさま」をさせて椅子から降ろします。降ろした途端に子どもが泣いても「投げたら食べられない」ということを教えるために、その時間はその時点で終わりにします。次の食事時間まで待たせます。
　食事途中で「ごちそうさま」にしても、必ず水かお茶を飲ませましょう。水分だけは不足にならないよう気をつけましょう。

①心でいらついても、怖い顔を向けたり声を荒らげたりせずに、笑顔で「ごちそうさま」にします。

②いったん「ごちそうさま」をさせたら、子どもが「食べる」と言って泣いて来ても、次の食事時間まで待たせます。

③お腹が空いたと泣いても、間食はさせずに水だけ飲ませ、次の食事時間まで待たせます。

④次の食事になったら、前回の食事時間に食べられなかった食材から食べさせます。

⑤食べられたら、子どもを抱きしめて、満面の笑顔で、褒めましょう。

お母さんの笑顔が最高のご褒美です。

子どもがスプーン・フォークを投げた時の対応のしかた

「あら、いらないの？ じゃ、ごちそうさまね」と笑顔で言って、食事を下げる。

↓

子どもが泣いても、その時点で食事はおしまいにする。

↓

次の食事時間も同じように対応する。
繰り返すことで、投げずに最後まで食べられるようになる。
楽しい食事時間になる。

「投げちゃダメ！」と怖い顔で叱る。

↓

好きなものだけを食べる子どもになる。

↓

投げると親が叱るので、気を引くために、スプーン・フォークをたびたび投げる。

↓

食事時間に叱ってばかりで、食事が楽しくなくなる。

Q7 昼間はパンツで過ごしてトイレで排尿できるのに、夜尿があり紙パンツが手放せません。

A　3歳ごろまでは夜おしっこが出てしまうのは当たり前です。成長と共にバソプレッシンというホルモンの分泌もよくなり、夜10時間くらい尿を溜められるようになっていきます。

　夜尿が続く原因は、「夜の眠りのリズムの悪さ」にあるだろうと考えられています。改善するには、早起き・早寝をして日中にたのしくからだを十分に動かし、「生活リズムを整えること」が大切です。

※夜尿をするからと、夜尿起こしをして排尿させてはいけません。睡眠のリズムを乱しますし、夜半に排尿するという誤ったリズムをからだで学習させることになってしまいます。

Q8 布パンツで過ごしているのに、子どもが自分で紙パンツにはき替えてから排便します。

A　紙オムツを長く使用していたために「うんちは紙パンツにするものだ」と、誤学習しているからです。わざわざはき替えるのは「うんちが出る」と、事前に子ども自身が排便予知できる証です。この状態の子どもであれば、食後に便座に座らせる習慣さえ付ければトイレで排便できます。子どもが嫌がっても笑顔で座らせます。トイレで排便できた時は、おおいにほめましょう。排便できる度にほめていれば、「トイレで排便する」が定着していきます。(P.34参照)

　もう一つ大事なことは、家から紙パンツを無くすことです。泣かれても紙パンツを渡さない親の強い意志（がまんする力）が必要です。ニッコリ笑って譲らなければ、子どもも諦めることが多いです。

※こだわりの強い子どもの場合は、誤学習を改善するのに多くの時間を要しますので、できるだけ早く布パンツに移行させましょう。

便座に座らせても出ない時の対応のしかた

便座やオマルから降りて間もなく壁の側やカーテンの裏でもらしてしまう。

→ 叱らずに、速やかにトイレで取り換える。

子どもの見ている前でウンチをトイレに流すことで、ウンチはトイレでするということを意識づける。

食後に必ずトイレに誘う。

出たら満面の笑顔でほめる。
出なくても叱らない。

繰り返すことで成功が増える。

→ 叱る。

失敗のたび叱る。

教えなくなる。

事例30　おむつ外し

【Sくんの母親の手記】

　2歳3ヵ月の息子は、入園時は「紙パンツ」でした。入園から3ヵ月後の今ではオシッコの失敗も排便の失敗もなくなりました。「できると信じて働き掛けることが大事」と、先生の言ったとおりでした。

　入園前も家で、トイレに連れて行くようにしていましたが、失敗することが多く、「おむつはずし」は無理だと思っていました。「ゆうゆう」で「紙パンツ」を外し、布のパンツで時間排泄をしてもらいました。すると、通園したその日にトイレでできました。失敗することもありましたが、日毎にできる回数が増えて、「ゆうゆう」では布パンツで過ごすのが当たり前になりました。

　ですが、家ではついつい「紙パンツ」に頼ってしまう毎日でした。特にうんちを「紙パンツ」の中でしてしまうことが多く、時間も不定期なので、なかなか「布パンツ」にする勇気がありませんでした。家が遠いので、通園に時間がかかることを理由に「紙パンツ」をはかせていました。面談の時、今井先生から、「通園途中でどこかトイレに寄ってあげればいいんじゃない？」と、アドバイスをいただきました。それからは、途中でトイレに寄ってみることもしてみましたが、失敗することも多く、心が折れそうになりました。そんな時も、「できると信じればできるよ、失敗してもガッカリしない」とのアドバイスに励まされ、続けていると本当に失敗が減りました。

　通園途中のトイレでできた時に思いっきりほめたら、そこに行くと出るようになりました。「外出先でも大丈夫」と、自信を持てるようになると、ウンチもトイレでできるようになりました。夜寝る時は、おむつをはかせていたのですが、ある日自分から「布パンツがいい」と言ったので、おむつをやめ、信じて「布パンツ」にしてみました。すると朝まで失敗なくいられました。その後は夜寝るときも「布パンツ」にしています。「失敗しても、成功することができたんだから」と、わたし自身がおおらかな気持ちでいたことが成功の秘訣だったかも知れません。

第3章

3歳を過ぎた子どもに「がまんする力」をつける方法

1 規則正しい生活習慣を崩さない

1 3歳以降に「生活リズム」が崩れる理由

3歳ごろの特徴

〈自律のための抵抗期〉

　3歳前後は、ことばが達者になるのに行動が伴いません。強く自己主張をし始め、自分でできないことでも「ジブンデスル」と言い張ることもあります。また、おとなのことばに対しては、わざと反対のことを言ったりします。嘘をついたり、口答えをしたり、素直に言うことを聞かずに反抗ばかりするので「反抗期」と呼ばれていますが、「自律のための抵抗期」と、とらえるとよいでしょう。

　3歳くらいになると、さらにことばを駆使して抵抗するようになります。それが、「へ理屈」や「言い訳」です。「デモネ、…」と、おとなのことばに反論します。「寝ようね」と言えば「お兄ちゃんだって寝てないもん」などと「へ理屈」を言ったり、「パパが帰ってこないから、まだ寝ない」などと、親が一理あるかなと思えるような「言い訳」を言ったりします。自分で今やっていることを続けたい時は、聞こえないふりをすることもあります。トイレでできていたおしっこを漏らすこともあります。

　この頃に子どもの言いなりになってしまうと、夜になっても早く寝かせられなくなります。親が子どもの「へ理屈」や「言い訳」に翻弄され、子どもの言いなりになっていると、「生活リズム」が崩れてしまいます。

〈留意点〉

　口達者な年齢ですが、イライラせずに笑顔で対応しましょう。子どもの「へ理屈」を、おとなの「理屈」で言い負かせても何にもなりません。子

どもの「へ理屈」「言い訳」に惑わされて言いなりになってもいけません。親の姿勢を崩さないようにしましょう。特に睡眠と食事と排泄に関することには注意が必要です。

〈基本的な動作が、より力強くなる〉

・三輪車に乗れる

・交互足で登れる

・片足で立っていられる
・土ふまずが、できる

〈指先が器用になってくる〉

＊親指と人さし指が対向し、小さなものをつまめるようになります。

親指と中指とが対向する

・親指と人差し指とが対向する
・もう一つ、もう一つと、繰り返し、つまんで握りこめる

〈「ごっこ遊び」を豊かに〉

　ことばの発達の中で、友だちとイメージを共有する力を持つので、おとなの援助がなくても、子ども同士で「ごっこ遊び」が楽しめるようになります。お友だちが「オツキサマ」と言ったら、自分が違う見立てをしても「オツキサマ」に変更する柔軟さが育つからです。

　また、自分から遊びに出かけ、友だちのいるところへ行き、道具を使い、ことばを使い、同年齢の友だちと長時間あそべるようになります。貸したり借りたり、順番や交替もでき始め、ルールに従って行動しようとします。

〈お手伝いをしたがる〉

　他者をくぐって自分がわかるようになる年齢です。自分のことがきちんとできなくても幼い兄弟の世話は喜んでしてくれることが多いです。自分のことよりも先に人のやることが目につき、口出しをするようになります。自分も片づけていないのに、「おかあさん、おねえちゃんはねぇ、お片付けしていないんだよ」などと、母親につげ口をすることも多いです。

　幼稚園や保育所でも同じで、自分のことができていないのに先生に「○○ちゃんはねぇ、…」と、告げ口をします。

　こんな時は、成長したなぁと微笑ましく思いましょう。「自分も片付けていないのに」と、告げ口を注意する必要はありません。「はい、わかったわよ。○○ちゃんも片づけてね」と笑顔を向けましょう。

　お手伝いをしたがるのもこの頃です。おとなと同じことをしたがるようになります。お手伝いをすることは、あこがれのおとなに近づきたい表れです。できるだけ子どものできそうなことを探してお手伝いをする場面をつくりましょう。

　「手伝ったらほめてもらえる」という楽しみが次の意欲に繋がります。

〈おとなの役割　子どもの役割を教える〉

　子どもは日々おとなに向かって育っていきます。子どもは、おとなのしぐさを真似して身につけていきます。

　ですが、おとなと子どもは同じではありません。子どもがしたがるからと、ガスや包丁を勝手に使わせることは、危険です。一人で任せると、ケガや事故に繋がります。ことばを駆使して抵抗をする年齢になりますが、おとなと子どもは違うということを、きちんと教えましょう。

〈「見え透いたウソ」「自律のための抵抗」の対応のしかた〉

「ヘ理屈」「言い訳」「見え透いたウソ」「反対のことを言う」などが達者になり、「告げ口も多くなる」年齢です。短い期間のことなので、「わがまま」「口ばっかり」「自分勝手」などと、否定的にとらえずに、成長の証ととらえ、気持ちを受け止めて遊び心で付き合いましょう。

> 例)「手を洗ってらっしゃい」と言ったら 手を洗っていないのに、「もう、洗った」と答えた。

ウソと分かっても「そう、洗ったの。まだ汚れているからもう一度洗おうね」と、優しく答えて一緒に洗いに行く。

「ウソ言うんじゃないの。こんなに汚れてるでしょ！ 嘘つきはドロボウの始まりだよ！」などと、叱る。

> 例)お尻を振っているので「おしっこ出るでしょ」と聞いたら「オシッコ　ナイ」と答え、そのすぐ後でもらした。

とがめずに、すぐにはき替えさせる。

「ほら、出たでしょ！ だから言ったのに！」「すぐに行かないからでしょ！」などと、やり返したり、叱ったりする。

第3章●3歳を過ぎた子どもに「がまんする力」をつける方法

❷ 幼児期の睡眠時間は、「10時間」を保障する

（幼児　　　　　　6：00 起床　20：00 就寝）
（小学生高学年　　6：00 起床　21：00 就寝）

　3歳を過ぎると、自己主張が強くなり、親の思い通りにはならなくなります。夜寝かせようとしても、「まだ眠くないもん」「ママが先に寝れば！」などと口答えをして困らせます。そんな時には、笑顔で「○○ちゃんの気持ちはわかったけど、夜は寝ましょうね」と電気を消して「夜は寝る」ということを教えます。叱らずに笑顔で伝えると落ち着くことが多いです。

　人間のからだには、早起きをすると早寝ができる「生体のリズム」があります。夜、質の良い睡眠をとれるよう、日中には、楽しくからだを十分に使って遊びます。午睡は午前、または午後でも1時間くらいで起こします。3時以降には寝かせないようにするとよいでしょう。

　入浴前に親子でからだを動かして一緒に楽しく遊びます。入浴した後には絵本を読むなど静かな時間を持ち、部屋を暗くして静かな環境を整えると、早く眠れます。

〈メラトニン〉
　夜暗くなるとメラトニンというホルモンの分泌が高まります。「メラトニン」には、自律神経と情緒を安定させ、こころを穏やかにする作用があり、性的成熟を適度に抑制するなどの働きもあります。

　また、起きてから約14時間後に分泌するというリズムがあります。「メラトニン」には眠気を起こす作用があり、6：00頃に起きると、20：00頃に自然に眠くなります。子どもを20：00頃に寝かせるためには、朝6：00頃に起こしましょう。

　「メラトニン」は、光刺激に敏感です。寝る時は、部屋は静かに、そして、雨戸や遮光カーテンで暗闇にします。

　学童期も夜21：00時頃に眠るようにすると質の良い睡眠がとれ、日中に心が穏やかになります。

〈成長ホルモン〉

「成長ホルモン」は、子どもに必要なだけでなく、おとなになっても必要不可欠です。「成長ホルモン」を分泌させるためには睡眠が重要です。

「成長ホルモン」は、寝入ってすぐの深い睡眠時に分泌され、脳、骨、筋肉の成長を促す働きがあります。睡眠不足で分泌が減ると、①身長が伸びにくくなる　②疲れが取れない　③太りやすくなる　④病気への抵抗力が下がる　⑤肌が荒れるなど、様々な影響が表れてきます。

〈β-エンドルフィン[11]〉

夜、質の良い睡眠がとれると、明け方に、「β—エンドルフィン」が分泌され、すっきり目覚められます。気分をさわやかにさせ、日中に活き活きと活動することができる源です。学習力も高まります。

遅起き遅寝をしていると、「β-エンドルフィン」が明け方に出ず、夕方不要な頃に少し出るようになります。すると、朝は身体がだるくて起きられず、夕方から夜に活き活き元気になってしまいます。これが「不登校」の原因の一つと考えられています。不登校児が夕方元気になり「明日は学校に行ける」と言うので周りが期待をしていたが、朝になると学校に行けないという話をよく耳にします。このβ-エンドルフィンの影響が大きいようです。

健康な子どもでも遅寝・遅起きをしていると、明け方に出にくく、夕方から夜に少し出るようになってしまいますから気を付けましょう。

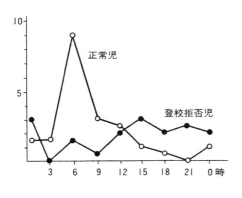

β-エンドルフィンの分泌リズム

(1987年4月21日、NHK総合テレビ「クローズアップ」より)

11　β-エンドルフィン…脳内ホルモン。モルヒネ様のホルモンで、苦痛から逃れる作用がある。

3 朝食は、必ずとる

　3歳を過ぎると自分で食べられるようになるので、食事は子ども任せになりがちです。また、偏食が無かった子どもでも、いろいろと主張するようになるので、好き嫌いをつくることもあります。更に、理由付けが年齢と共に高度になるので、親が子どもの言いなりになりがちです。

〈朝食をおいしく食べるには…〉

1．朝食前に朝の光を浴びながら、散歩をしましょう。
　起きてから外に出て「朝の光」を浴びると、脳の覚醒を促す脳内ホルモン「セロトニン」が活発に分泌されます。そのため頭がスッキリし、集中力が増し、心も身体も元気になれます。お腹もすきます。

2．毎日決まった時間に食べるようにしましょう。
　同じ時間に食べることで、朝お腹がすくようにリズムができてきます。決まった時間に食べると、朝の排便のリズムも付きやすいです。

3．食事は、必ず誰かと一緒に食べるようにします。
　一日のスタートの時です。子ども一人で食卓につくのではなく、お母さん、お父さん、兄弟姉妹など、誰かと一緒に食べる習慣をつけましょう。一緒に食べることでより食欲がわいてきます。苦手な食材も、両親や兄弟姉妹が美味しそうに食べてみせていると、食べられるようになることが多いです。

孤食にならないようにします

　朝は忙しいので、ついつい子ども一人で食べさせてしまいがちですが、朝食は、一日のスタートの時です。子どもだけで食卓につくのではなく、お母さん、お父さん、兄弟姉妹など、誰かと一緒に食べるようにし、それを習慣づけましょう。

食事を取り込む人間のからだには「日周リズム[12]」があります。

食事　→　満腹　→　活動　→　空腹　→　食事　というように、食事から食事へのリズムもあります。

食事時間を不規則にしていると、代謝のリズムやインスリンや血糖値などのリズムを乱してしまい、不健康になってしまいます。

> **笑顔でハグを**
> うちの子は聞き分けがなくて「グズル」と叱らないでください。
> 聞き分けがないのは子どものせいではありません。これまでの生活の中で、子どもがグズった時に、グズられないようにと譲ってしまったおとなのせいです。
> グズられても「おしまい」は「おしまい」ということを教えていきましょう。笑顔で「おしまい」と伝えてそれ以上譲らなければ、聞き分けるようになります。「がまん」ができたら笑顔でハグを！

事例31　子どもの「ヘ理屈」に屈しない

【指導員の手記】

ある日、親子あそびの会場に入ったとたんに柑橘系の食べ過ぎで手・足・顔・目が黄色くなっている子どもが目に飛び込んできました。

「あらあら、この子、柑橘類の食べ過ぎみたい。たくさん食べちゃっていませんか？」とお母さんにお聞きしました。すると、おかあさんは、「やっぱり食べ過ぎですか？　私も本当はミカンを１個で良いと思っているのに、この子が『３歳だから３つ食べる』と言って、いつも３つ食べちゃうんです。」と答えました。「３歳だから３つ食べるんなら、私は56歳だから56個食べると言ったら食べていいの？」そう聞くと、お母さんは「やっぱり食べ過ぎですよね。」と納得したようでした。

12　日周リズム…一昼夜を周期としてあらわれる生活リズム。

事例32 偏食の改善

【Rくんの母親の手記】

我が家では、食事の度に息子が「ウインナー！」と言っていたほど、息子に加工食品を食べさせていました。子どもが喜んで食べてくれるからいいかなと、私も楽をしていました。「ゆうゆう」に入園した初日のお弁当には、卵焼き、ウインナー、加工食品を入れました。その日の帰りに先生から、「明日からは、おひたしに野菜炒めや煮物、主菜（魚または肉）を入れたお弁当にしてください。」と言われました。ビックリしました。

「その人が食べた物でその人がつくられる」ので、お弁当は、冷凍食品や練りものを使わない「手間暇をかけた親の手作り弁当」なのだそうです。また、「愛は手作りの食事で伝える」をモットーにしているので、食材にも気を配り、ま）豆類、ご）ゴマ、わ）ワカメ・海藻、や）野菜 さ）さかな、し）椎茸・キノコ類、い）芋類を使っておかずを作るとのことでした。

最初は野菜など、苦手な物もあった息子ですが、今では気持ち良く完食し、毎日「お弁当美味しかったよ！」と言ってくれます。私もお弁当作りに慣れ、作るのが楽しくなりました。

入園前は、子どもたちを連れてスーパーへ行くと、お菓子を手にして喜んでいた子どもたちですが、今ではレンコンやタケノコ、煮豆を手にすると喜びます。

お弁当だけでなく、我が家の食事全てが変わりました。野菜中心です。朝からしっかり食べます。加工食品がテーブルに並ぶことは少なく、おやつも茹でた野菜や蒸した芋などで充分になりました。

おかげで我が家は、みんな毎朝快便になり、風邪もひかなくなり、熱を出しても長引かなくなるなど丈夫な体になりました。

子どもの心身の成長からも、「ま・ご・わ・や・さ・し・い」が、からだ作りに大事だと実感しています。食べ物のありがたさを感じている毎日です。

事例 33 食のこだわりが無くなると、他のこだわりも減る

【Nちゃんの母親の手記】

　娘は、人混みや場所見知りがひどく、スーパーやレストランでさえ中に入るのを嫌がり「ギャー」と叫び全身で拒否をするほどでした。家から出るのも一苦労で服を脱いで外出を拒否することもあり、どこへ行くのも大変でした。偏食も激しく、野菜は一切食べず限られた物しか口にしませんでした。ポテトフライを食べていれば私が居なくてもどんな場所でも平気になりました。それで良いのか心配で主治医に相談すると「今は外出を控え、ポテトで落ち着けるなら与えてもいいと思う」と言われ、ポテトで落ち着かせる日々が続いていました。ですが、娘のこだわりは月日の経過と共にひどくなる一方で、道順などにもこだわり、車の中でもパニックを起こすようになりました。運転中は危ないのでお菓子で落ち着かせ、騒ぐとすぐ与えていました。もちろん食生活は乱れ、私達家族もジャンクフード（栄養価のバランスを著しく欠いた食品）ばかりで野菜を食べず、便秘になりやすいなど、不健康でした。

　「ゆうゆう」に入園と同時に、我が家は和食中心で野菜中心の食生活になりました。娘の偏食改善は、本当に大変でした。「苦手なものを少し食べたら好きなものを食べる」と譲らずにいると、パニックを起こして大騒ぎをしました。泣き叫ぶ娘を見て、こころが折れそうになりましたが、譲らずに、できるだけ笑顔で「食べない時はおしまい」にしました。

　娘は、食のこだわりがなくなり何でも食べられるようになると、他のこだわりもなくなり、苦手だった人混みも平気になりました。苦手なことにも挑戦する気持ちさえ出てきて、生き生きとした表情になってきました。

　私自身、早起き早寝の生活に慣れてくると、それが普通になり、健康に良いものを作って食べることができることにすごく幸せを感じるようになりました。料理をしている間待てなかった娘も、皆そろっていただきますをするまで待てるようになりました。毎日の料理もできる時に作り置きをし、外食も減り、家計も助かります。今は、念願だった「鍋を家族みんなで囲んで『おいしい』と食べる」ことができ、最高に幸せを感じます。

4 朝の排便を定着させる

　3歳頃になると、幼稚園や保育園に行く準備に追われ、朝の排便を促すことがおろそかになりがちです。また、促しても子どもがことばで理由付けをして行きたがらないこともあります。しかし、子どもの言いなりになって朝の排便をせずに登園させると、幼稚園や保育園で排便したくなり、集中力が欠け便秘になりやすいです。

〈便秘が続くと…〉
1．イライラしたり機嫌が悪くなったり、情緒も不安定になりがちです。

2．不定愁訴の原因にもなります。

3．食欲がでにくくなります。

4．幼児は、病気の時には便秘が原因と思われる「ひきつけ」を起こしたりすることもあります。

〈毎朝、大便が順調に出る習慣を身につけるためには…〉
　食後30分くらいのぜん動運動（腸のはたらき）の活発な時間帯に排便を促すことが大切です。
　この時間帯を家でゆったりと過ごし、排便をしてから登園・通学ができるようにします。その他、以下の点に留意しましょう。

1．朝は6時頃に起きて、寝具の片づけ、散歩、体操、掃除などをして、からだを良く動かすようにします。
2．朝食をしっかり食べます。
3．野菜や海藻を食べ、繊維質も多く摂るようにします。繊維質は、整腸作用をしてくれます。食物で栄養を取ったその取りかすや腸内に長時間あってはいけないもの、体内に吸収してはいけないもの（食品添加物な

ど)、使用済の消化液、腸内に棲息（せいそく）するウイルスや細菌の過剰になったものなどを、からめて排出してくれる大事なものです。繊維質が不足すると、便秘になりやすいです。

4．腹筋が弱いと腸の働きも弱くなります。昼間、からだをよく使ってあそび、腹筋を丈夫にしておくことが大切です。
　腹筋を鍛えるためには、一定時間毎日歩くことが効果的です。この点でも、朝の散歩は効果的です。

5．トイレに行くことを強要しません。一方、行けたらご褒美をあげる、などの報酬でトイレに行かせようとすることも間違いです。
タイミング良く出た時に、満面の笑顔で「よかったね、気持ちがいいね」などと、共感を喜びに表します。すると、子どももトイレでしたい、という気持ちになってきます。

昨日は成功したのに、今日は失敗という日もあります。また、トイレでできていたのに、失敗が続くこともあります。失敗しても叱らないことがトイレで排便できる秘策です。

繊維質を多く含んだ食物
　豆類、穀類、野菜、きのこ、海藻等に多く含まれています。
(ひじき・焼きのり・昆布・わかめ・ゆで大豆・ゆであずき・さつまいも・ごま・干ししいたけ・納豆・ごぼう・モロヘイヤ・ブロッコリー・みそ、など)

事例34 **トイレで排便できるようになった**

【Yちゃんの母親の手記】

　4歳で「ゆうゆう」に入園した娘は、こだわりの強い子なので、入園前はトイレに連れて行くと、気が向けばオシッコができるという状態でした。失敗することも多く、トイレに行くことを嫌がることも多くありました。入園してからは、定時排泄が徹底されたので、すぐにおしっこの失敗がなくなりました。3ヵ月経つ頃には、自分で「オシッコでる」と言って、自分からトイレに行けるようになりました。

　オシッコができるようになっても、ウンチに関しては、相変わらず布パンツにしていました。こだわりが強く、外出先では、ウンチをせずにがまんしてしまう子だったので「ゆうゆう」での失敗はありませんでした。

　娘が5歳になったのを機に、今井先生に相談してみると、先生は「まだ、取れてなかったの？」とびっくりし、「短期目標でいきましょう」と言われました。私は、「そんなに簡単にとれるかな？」と内心思っていました。アドバイスは次の3点でした。

　・ウンチが出そうな時を見計らって笑顔でトイレに誘う。
　・力づくで便座に座らせる、などの無理強いはしない。
　・トイレに座ることを笑顔で譲らない。

　入園時から教えてもらっていたことでしたが、行動に移せていなかったので、意を決して、その日から実践を始めました。

　毎朝散歩をさせていることと、生活表を付けていることで、ウンチの出やすい時間帯がわかっていましたから、その時間に娘の行動に注意を払いました。ウンチをしそうな時がわかったので、無理矢理ではなく、笑顔を作って「トイレに行って座ってうんちしよう」「トイレに行こう」などと声をかけ、楽しい雰囲気にして、とりあえず座らせるようにしました。隠れてウンチをしようとした時は、ついて行き「トイレに座ろう」と笑顔で声をかけ、トイレに座ることを譲りませんでした。

　すると、なんと一週間で、トイレでウンチができるようになりました。私自身びっくりしています。それからは、失敗がありません。

② 笑顔を向け、社会性を育てる経験を積ませる

❶ 「自分の感情や欲求を抑える自制心」を育てる

　子育ての究極の目標は、苦しい時にも生き抜く力、カッとなって殴りたいと思っても止まることができるなどの自己抑制力（自制心）「がまんする力」を育てることです。子どもが社会人としてしっかり生きていくためには、自分自身で物事を考え、自己決定し、苦しいことがあっても前向きに生きる力を育てなければなりません。

自分の感情を抑制できるようにするために大事なことは、2つあります。
　一つは「十分な愛情」を「笑顔」と「手作りの食事で伝えること」そしてもう一つは、「少しだけがまんする体験を積み重ねること」です。

- 笑顔
- 十分な愛情を伝える
- 手作りの食事

- 全部1人で食べたいけれど、兄弟で分ける
- 苦手なおかずも食べる
- 少しだけ「がまんする体験」を積み重ねる
- テレビを観たいけれど食事中は消す
- 買ってほしいけれど誕生日まで待つ

3歳くらいまでの子どもは、目先の欲求をがまんすることはできません。前頭前野が未発達だからです。どんな環境にも適応できる力をつけるために脳がゆっくり成長していくそうです。欲求を抑制できる力は、前頭前野の発達と共に3歳を過ぎてだんだんに付いていきます。けれども、3歳を過ぎたからと言って自然に身につくものではありません。日々の生活の中で「**全部1人で食べたくても兄弟で分ける**」「**一番に使いたくても順番を待つ**」など、少しだけ「がまんをする体験」を積み重ねることで、少しずつ自分の感情を抑制できるようにしていきます。

　乳幼児期に子どものことを大事にするあまり、子どもに泣かれないように何でも子どもの言いなりになっていると、気づかないうちに子どもが王子様・王女様になってしまいます。家庭で王子様・王女様になった子どもは、自分が一番なので、3歳を過ぎても感情や欲求を抑える力は付きません。

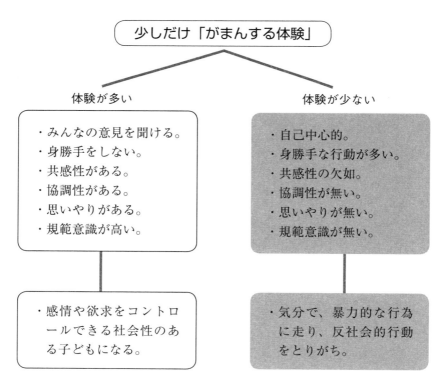

4歳ごろの特徴

　4歳ごろになると、手と足、右と左の協応運動ができるようになります。例えば両手を横に広げ、走って「トンボ」になるなどです。手の操作においては、両手の協応が確立してくるので、ハサミの使い方も上手になります。また、ジャンケンの勝ち負けもわかるようになり、簡単なルールのある遊びを発展させていくことができるようになります。

〈外言思考〉

　3～4歳の子どもは「犬がいて怖いな～。行こうかな。よそうかな。」などと、思ったことを口に出して語りながら考えます。遊びながらしゃべってばかりで「うるさい」と思えることもありますが、口に出して語る子が「思考している子」です。外言思考を大事にしてあげましょう。

〈誇り高き4歳児〉

　「ぼく」「わたし」という一人称が使えるようになります。「上手」「下手」「できる」「できない」ということもわかるようになり、自己評価の力が芽生えてきます。「上手か」「下手か」「できているか」「できていないか」が、とても気になってきます。そのために自信を失ってしまう子どももいます。赤ちゃんの頃から、ちょっとしたことでも「上手、じょうず」「一番」と、ほめられて育った子どもは、4歳ごろになると失敗を恐れて、新しいこと、自信のないことには挑戦しなくなります。中には、「わざとしないで逃げる」「一生懸命しないでふざける」などの行動に表わす子どももいます。失敗をしなくてすむことだけをやる子どももいます。これらは、4歳児のこころの揺れの特徴です。

　小さな頃から「少しだけがまんさせる体験」や「思いどおりにならないこともあるという経験」を積み重ね、生活の中で自信をつけられるよう、笑顔を向け、心の成長を手助けしていきましょう。

〈自信をつけさせるために〉

1. 能力主義で見ない。

「できる」「できない」、「上手」「下手」などの「ものさし」で評価をしないようにします。

2. 達成感を共有し、感動を共感する。

「やった～！」「できたね！」など、達成感を持てるほめ方をします。

3. 基本的安全感を大切にする。

「自分は自分であっていい」「失敗したっていいんだ」「自分はかけがえのない存在」「必要とされている」という自分の存在に対する安心感と自信を持てるように接します。

4. 集団のなかに居場所を保障する。

居場所をうばわないようにします。家庭の中でも役割を持たせて、ほめて認めましょう。

日々の生活の中で、子どもにできるお手伝いを親と一緒にさせましょう。

〈留意点〉

4歳くらいまではことばで行動を抑制できません。「じっとしていなさい」などと言うより「〇〇しようね」というような<u>行動を引き出す言葉かけ</u>が大切です。また、「だんだん上手になるよ」などの励ましは、**4歳児には「今は下手」と、伝わってしまいます。「ガンバレばできるよ」などの応援ことばは、4歳児にとっては自己否定につながりますから気を付けましょう。**

小さなころから評価にさらされ続けていると、小・中学生になっても失敗を恐れて新しい挑戦をしたがらない子どもになりやすいです。

5歳ごろの特徴

5歳半ごろになると「だんだん大きくなる」「だんだん小さくなる」などの「だんだん…」という認識が成立し始めます。時間の概念もわかるようになり、「きのう・きょう・あした」などと一緒に、曜日も理解し始めます。

〈内言思考〉

5歳ごろから内言思考（黙っていても頭の中でことばを使って考えること）ができ始めます。4歳ごろまでは賑やかに喋りながら作っていた粘土細工も、この頃には黙ってできるようになります。

5歳半ごろには、自己調整の力がつくので、「キライなんだけど、がんばって食べる」「はずかしいけど、やってみよう」など、挑戦する姿もみられるようになります。

〈自由に形を描ける器用な手〉

「話しことば」がしっかり育ってから「書きことば」へ移行していきます。

文字学習に繋げるためには、自由に形を描ける器用な手が必要です。また、就学前の子どもには、絵や身振りによる表現力も育てておくことが大切です。

〈5歳ころの子どもの「うそ」〉

5歳頃になると、ことばがとても発達します。この頃の子どもは、言語能力が育ったのに話す材料が少ないと、「うそ」（作り話）を語ることがあります。例えば、クラスの誰かが「遊園地に行った」と先生に話すと「わたしも遊園地に行った」と話を作ってしまいます。話したいのです。

特に自分に注目を集めたい時に、うその作り話で夢を語って驚かせることもあります。このような場合には、「うそついちゃダメ」などと叱らずに、いっぱいお話ができるよう、生活の中で感動できる体験を増やしましょう。

「生活の中での感動」というのは、イベントでの感動ではありません。普段の生活の中での感動です。散歩中での虫や蝶の発見やその日のできごとを話しあったり、いろいろな体験を一緒にしたりする機会を増やします。「話す材料」と「おとながきちんと話を聞く」という姿勢を大切にして関われば「作り話」はなくなっていきます。

5歳を過ぎても「うそをつくことが多い子ども」の場合は、自分に関心を引きたいというこころの欲求が「うそをつく」という形に表れやすいです。まずは、料理作りのお手伝い・お掃除のお手伝いなどをさせて「ほめる」ことが大切です。小さなことでもその子の良いところを見つけて、ほめましょう。

笑顔を向け「**あなたが大事**」「**あなたはかけがえのない人**」という「基本的安全感」と「集団の中での居場所」を保障することが大切です。「家庭という集団」の中で満たされ、自分の居場所があれば、「うそをつく行為」は、だんだん減っていきます。

〈年齢と共に求められるルールは増えていく〉

5歳以降になると、さらに「みんなで一緒に行動する」場面が増えます。就学期になると、それまで以上に例えば、席に座って授業を受けること・集団での登下校・給食・掃除などがあり、「守るべきルール」は、年齢と共に増えていきます。

社会生活を送るうえでは、感情や欲求を抑える自制心があることが大切です。自分の感情を抑制する力は、乳幼児期から育てなければいけません。集団には、必ずルールが存在しますから、自分勝手な行動ばかりとって集団生活のルールが守れないと、友だち関係もうまくいかなくなります。それが、いじめや登園拒否、不登校、引きこもりに繋がることもあります。「少しだけがまんをする体験」を積み重ね、協調性のある子どもに育てていきましょう。

2　親は、子どもに振りまわされない

　赤ちゃんのころ、親が子どもを泣かせないように育てていると、子どもは「自分の望むことは全て叶う」王子様・王女様になりやすいです。子どもの可愛さに負けて、子どもの言いなりになっていると、気付かないうちに、子どもに振りまわされてしまいます。気付いた時には、思い通りにならないと親をぶったり、親の髪の毛を引っ張っ

たりする「わがまま」で身勝手な子どもに育っています。あんなに可愛がって育てたのにと、驚くばかりですが、それが子どもに振りまわされた結果です。

　普段の生活の中で、気付かないうちに「子どもに振りまわされる」ことは、たくさんあります。食事で例えるなら、
・食事時にご飯を食べずに、後になってお菓子を欲しがるので与えてしまう。
・「うちの子どもはそういう子どもだからしかたがない」と思っているなどです。

〈食事時に「親が子どもに振りまわされない」ために〉
・食事は決めた時間に食べさせ、お菓子を食べる時は、親が数を決めます。
・「ごちそうさま」をしたら、子どもが食べたがっても再開せず、次の食事時間まで待たせます。（親は笑顔で譲りません）
・席を離れて遊んだら、その時点で「ごちそうさま」にして片付けます。
・食事時間は30分くらいと時間を決めます。
　親がこれらを行動にうつすことが大切です。
　幼児期に子どもに振りまわされてしまうと学童期になってから、更に親が振り回されてしまいます。親は「言動に責任を持って譲らない」という強い意志を持ち、愛しい我が子に笑顔を向けていきましょう。

事例35 「がまん」は親の対応が大切

【あっくんの母親の手記】

　私の息子は、思い通りにならないことがあると泣きわめき、長い時は15分以上ずっと騒いでいることもありました。当時の私は、泣けば子どもに合わせたり、泣きそうなことはあえて避けたりしてきました。「ゆうゆう」に入園して「子どもに『がまんさせること』の大切さ」を知りました。

　今井先生から教えられた対応法は、「親がダメと言った時はダメを貫く」「子どもに振りまわされない」「いろいろな体験をたくさん増やし、がまんする体験をたくさんさせる」「泣きわめき続けるときは、気にしない素振りをして、楽しそうにする」「泣き止んだら、がまんできたことを笑顔と抱っこでほめる」です。言われたようにしたつもりでも、息子はなかなか手強く…泣き止んだのでほめると、思い出してまた泣き始めてしまう。つば吐きや頭を打ち付ける行為をするお友だちに出会うと、その行為をマネするようになるなど、なかなか改善されずにいました。

　そこでまたアドバイスを頂きました。思い出して泣くことに関しては「泣きわめきを止めたら本人が落ち着いてからほめる」、つば吐きや頭を打ち付ける行為に対しては「とにかく気にしないようにする」「やっていることに対して触れない」「機嫌の良い時に笑顔を向けてからだをいっぱい使ってあそぶ」などです。これらを試してみました。すると、思い出して泣くことは無くなり、つば吐き、頭の打ちつけも無くなりました。泣きわめく時間も数分で気持ちの切り替えができるようになってきたのです。以前は「今はできないの、待っててね」と子どもに言うと、決まって泣きわめいていたことに対しても「ふーん」というような態度で待てるようになりました。

　「ゆうゆう」に入園前は、子どもが可愛いからと、子どもの言いなりになっていました。乳児期からがまんさせられることなく育った子どもが、ある日突然がまんできるようになるなどありえません。子どもが自由にしてきた期間が長ければ長いほど、がまんさせられることに対しての反発も大きいと感じます。この大切な幼児期に「がまんの大切さ」に気付けたこと、「ゆうゆう」と出会う機会を与えてくれた息子に感謝しています。

事例36 ごほうびは「ニッコリ笑って ハグ」

【Nちゃんの母親の手記】

　うちの子どもはとにかくよく泣く子でした。その対策として先生のアドバイスの中で効果てき面だったのは、少し待たせて「がまんする力を育てる」ということでした。お皿を洗っている最中に子どもが「ママー」と呼んだら「はぁーい。」とすぐに行って、「ちょっと待っていてね。洗い終わったら来るからね。」と、娘の顔を見て伝え、再び食器洗いを始めます。

・最初は短く30秒くらいから。
・約束の食器洗いが済んだら、必ず約束どおりそばへ行ってほめること。
・ごほうびは、子どもと目を合わせて「ニッコリ笑顔でハグしてギューッ！」
・必要以上に長く抱っこをしないこと。
・ごほうびの抱っこをしたら「じゃあ、またママ、食器洗いしてくるね」と食器洗いを続ける。

　この「ちょっとがまんすれば、必ずママが来て、待っていたことをほめてくれる」ということを繰り返すと、待つ時間が3分・5分と長くなっても、待てるようになっていきます。

　こうして娘は、少しだけ待てる子どもになりました。ところが「待てる子になった」と思っていたら、待つ間に床に頭をぶつけるようになってしまいました。自傷行為と呼ばれるものです。私はビックリして、即座にとんでいきました。娘は私がすぐに駆けつけたので、それからは待つ時に「あたまが痛いよ」と訴えるようになりました。今井先生に相談すると、「大けがでないことを確認したら、食器洗いを再開しましょう。子どもの機嫌の良い時に遊んであげれば良いのです」と、アドバイスされました。

　子どもが泣いたら抱っこしてご機嫌とりをしていた私ですが、ちょっと待たせて、ご褒美は「ニッコリ笑顔でハグ」。この方法で娘の扱い方に迷いがなくなり、子育てが実に楽になりました。

事例37 偏食の改善

【Tくんの母親の手記】

　息子は2歳半から幼稚園に通っていましたが、偏食がひどく幼稚園の給食を食べることができませんでした。「ゆうゆう」に入園した初日のお弁当は、「少しでも食べられたかな？」と心配していましたが、お迎えに行くとなんと完食しており、その後もお弁当は完食が続いています。

　一方、家ではなかなか完食できない日が続いていました。ある日のイベント会場で、息子が昼食として食べたものは、フライドポテト、からあげ、マドレーヌだけでした。次の日、今井先生に「どうしたの？先週は指示もよく通ったし、お弁当も食べられるようになっていたのに、今日はまったくダメ」と言われてしまったのです。「食事で好きなものしか食べないと、行動も好きなように動いてしまう」という指摘に、すごく反省しました。

　その日から息子が食べるものは「私が決める」と決心しました。
①息子が食べない野菜でも息子の前で「おいしいね」と食べて見せる。
②最初に野菜を食べないなら、にこやかに「ごちそうさま」と切り上げる。
③野菜から食べるという姿勢は毎食譲らない。
④本人が「食べないよ」と席を立ったら、さっさと片付ける。
⑤食べられた時には、「食べられたね！」と、おおいにほめる。

　これらを毎日の食事時に心掛けるようにしました。

　2ヵ月経った今では、入園前まで口に入れることさえ嫌がった「ほうれん草」や「いんげん」をおやつにしても喜んで食べるようになりました。

　「偏食がある子は行動も…」という今井先生の言葉の通り、食事が食べられるようになるにつれて行動面でも落ち着きが見られるようになってきました。食事中も立ち上がることはなくなり、最後まで座って食べきれるようになりました。そのことは、遊びの中での集中力にもつながっているようです。親の用事ができた時に、好きな遊びを途中で中断するなどのアクシデントにも応じられるようになりました。

　子どもの笑顔が増え、目線が合うようになり、指示も通り、会話が増えています。

事例38　子どもの言いなりだった私

【Sくんの母親の手記】

　息子は「ここは危ないからダメだよ」などのちょっとした注意をされると母親の私に「アーッ！」と大声で怒りました。逆に「大丈夫、平気だよ」などの優しい言葉をかけると余計にひどく怒ることが多々ありました。どうしてこんなことで怒るのかと今井先生との面談時に尋ねると、「子どもが主導権を握っているから、気に入らなくて怒るのです。」「子どもの言いなりにはならないようにしましょう。」とのアドバイスを受けました。例えば、ブランコで遊びたくて公園から帰るのを嫌がって騒いだとします。そこでは子どもの言いなりになってしまわずに、「あと一回したら終わりにしようね。」と声を掛けて約束させます。そして約束した一回が済んだら車に乗り込み、母親は「帰る」という姿勢をみせることです。子どもが泣いたり騒いだりしても、子どもの態度に気持ちが揺らいでしまってはいけないのです。

　私は子どもに歌を覚えて欲しくて、「ゆうゆう」への通園時に車内で歌を歌うようにしていました。ですが私が歌うと「アーッ！」と言って怒って嫌がるのです。私は「子どもの言いなりにはならない」を実行するチャンスだと思い、子どもが怒って嫌がったからといって歌うのをやめずに、「一番だけ歌うね。」と言って一番だけを歌うことを毎日続けました。すると次第に怒ることはなくなり、今では色々な歌を覚えて歌いながら楽しく通園できるようになりました。

　他にも、息子にはスーパーに行くとすぐにトイレに行くというこだわりがあり、それまでの私はその行動をオシッコだからと認めてしまっていました。けれど実はオシッコがしたいわけではなく、こだわり行動だったのです。そこで私自身も気持ちを改め、「買い物が終ったらトイレに行こうね。」と声を掛けて子どもの言いなりにならずに、騒ぐ子どもを気にせず買い物を続けました。その態度を続けていたら、いつの間にか息子のトイレへのこだわりは消えていました。

事例39 親の意識で減らせる子どもの「こだわり」

【Kくんの母親の手記】

　息子は、自閉症です。1歳10ヵ月頃には、まだ指さしができませんでした。おもちゃには関心が無く、マークや数字に興味を持っていました。おもちゃが入っている箱のビックリマークを指で押さえて「ン」と言って、私が「ビックリマークだね。」と答えるのを楽しんでいました。数字に関しては絵本を読む度に本のページを指で押さえて「ン」と言うので、私は数字に興味があって覚えたいのだなと思い、子どものその行動にそのたび答えていました。次にはカレンダーに興味を持ち、子どもが好きなその月（数字）を手で押さえると、私が「1月、2月、3月、…」と何度も答える、を繰り返しました。2歳を過ぎた頃に指さしをするようになりました。その頃には、「止まれ」の標識を気にするようになりました。

　2歳3ヵ月で「ゆうゆう」に入園し、今井先生との面談の時に困っていることとしてその話をしたら「それらのやりとりがこだわりになっている」とのことでした。その対応として、1回目はきちんと答えてあげてあとは無視するようにと教えられました。そこで実際にやりとりの2回目からを無視してみると「アーッ！」と大きな声を出して怒ってしまい大変でした。私の方も答えることが癖になっていて1回だけ答えて2回目からは無視するということが、なかなか実行できませんでした。

　2歳10ヵ月頃には、消火器・エアコンの室外機を指さしするようになりました。車に乗っていてエアコンの室外機を見つける度に「アーッ、アーッ」と言って指さし、答えるよう求めるので、今度こそと先生の指導通りに実践するようにしました。

　子どもは、私が自分の思う通りに答えないからと、怒ってチャイルドシートから出てしまいました。その度「車を停めて、またシートに乗せる」の繰り返しで大変でしたが、1ヵ月ぐらい続けると1回答えただけでも怒らなくなりました。それからは、車に乗っても「アーッアーッ」と騒がなくなり、マークや数字に対しても固執しなくなりました。

❸ 約束をつくり、守れたらほめる

「がまんさせる」には、がまんする対象の約束を作ることから始めます。

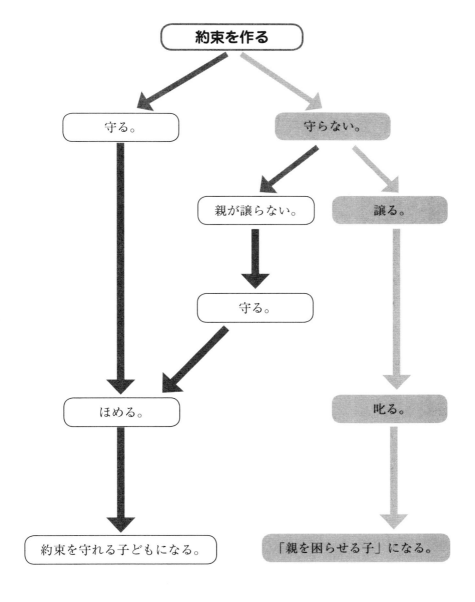

約束を守る習慣の付け方

子どもは、学習力があるので、初めはギャーギャー泣いても、いろいろな場面で同じような対応を諦めずに繰り返していると「がまんすること」を覚えていきます。

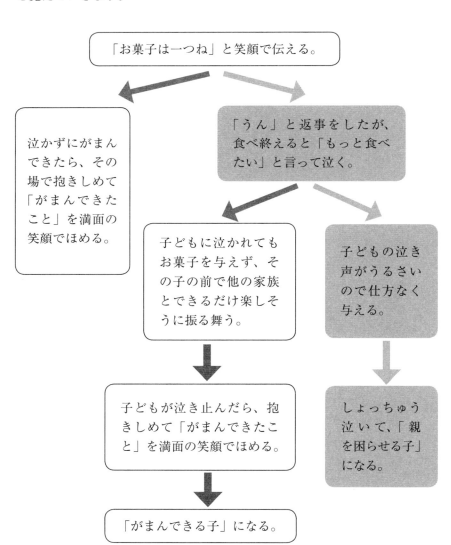

おじいちゃん、おばあちゃんも「約束を守る」

孫は、おじいちゃん・おばあちゃんが大好きです。孫がおとなになった時に、「困難に打ち勝つ、がまんのできる人」になってもらうためには、子どものころから「小さながまんする力」を育てていくことが大切です。

孫可愛さで欲しがるままに与えていると、子どもに「がまんする力」がつきません。父母が甘え泣きに負けずに「がまんする力」をつけようとする時には、祖父母も同じ対応をして「がまんする力」をつけましょう。

Q1　おもちゃ屋さんで「買って」と、ねだって子どもが泣いた時は？

A　父母が「買わない」と言った時は、おじいちゃん・おばあちゃんも「買わない」を貫きます。がまんできたら、「がまんできてえらかったね」と、笑顔でほめましょう。

Q2　食事の前でも「お菓子が食べたい」と、子どもが泣く時は？

A　食事の前は、泣かれてもお菓子は食べさせません。お菓子が食べられないことよりも、食事を食べられないことの方が、ずっと可哀相です。

がまんできたら、「がまんできてえらかったね」と、笑顔でほめましょう。

「がまんができたらほめる」を繰り返し体験させる

　子どもはお母さんの笑顔が大好きです。身近なことからほめる体験を増やしていきましょう。生活の中で存在を認められ、ほめられることが増えると、「がまんできる子ども」になっていきます。

　「がまんできないこと」を叱るより、小さなことでも「がまんできたこと」をほめる方が「がまんする力」は育ちます。子どもに泣かれないように親が合わせていたのでは、子どもの「がまんする力」は育ちません。

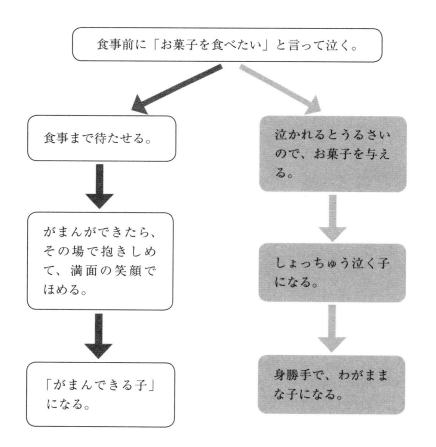

事例40　お店でお菓子が欲しいとギャーギャー騒いだ

【R君の母親の手記】

　息子は、お店に行くとお菓子を欲しがり、私の手を引いてお菓子コーナーへ連れて行っていました。買ってあげないとギャーギャー騒いだり、お店の中を走り回ったりするので、買い与えてしまっていました。ギャーギャー騒がれると、周りの目を恥ずかしいと思う気持ちがあり、お菓子を買ってしまった方が楽だったからです。

　「ゆうゆう」に入園して、「親は、子どもの言いなりになってはいけない」「約束を作って、約束を守らせることが大事」と教わりました。その日の帰りに、すぐに実行してみました。

　お店で買い物をする時に、車から下りる時点で私が「今日はお菓子を買わないよ。」と伝え、約束をさせてからお店に入りました。息子はその時は「うん。」と言ったのに、店に入ると「イヤだ」と言ってお菓子コーナーへ走って行こうとしました。私は息子の手を取って止めました。息子はすごい勢いでギャーギャー騒ぎ出しました。

　いつもならこの騒ぎに負けて買い与えてしまうところですが、私も折れずに頑張ろうと決めていました。とても恥ずかしかったのですが騒ぐ息子の手を離さずに買い物を済ませました。

　店から出る時にも、息子は床にひっくり返ってお店を出ようとしなかったのですが、「先に帰るよ。」と言って息子の手を離し、店を出ました。息子はしばらくひっくり返ったまま泣いていました。私は、息子からは見えないところで様子をうかがいました。少しすると泣きながらも立ち上がって歩いてきました。息子が戻ってきた時点で、「買わずにガマンできたね。約束を守れてえらかったよ。」と言って笑顔で息子を抱きしめました。

　その後もお店へ行くと、お菓子コーナーへ行きたいと騒ぐことは何回もありましたが、「買わない」と約束を決めた日は、譲らずに対応し続けました。5～6回繰り返すと、泣いて騒いでも買ってもらえないことが分かったようで、騒がずに私の側について一緒に買い物ができるようになりました。

下の子どもが産まれた時の上の子どもへの対応のしかた

お母さんが、赤ちゃんと一緒に退院してきた、その日が大切です。まず、上の子を抱っこして、入院中に待っていられたことをほめます。

〈赤ちゃんが泣いたら…〉

ア）上の子が気づくまで待つ

　お母さんは、すぐに赤ちゃんのところに行ってしまわずに、上の子が「赤ちゃんが泣いているよ」と、気づくまで待ちます。

イ）上の子を抱きしめてほめる

　「赤ちゃん、泣いているよ」と、上の子が気づいてお母さんに告げに来たら、「教えてくれてありがとう！」と、上の子を抱きしめてほめます。

ウ）上の子も一緒に赤ちゃんのところに連れて行く

　「じゃ、赤ちゃんのところに行ってみようか、おむつが濡れたのかな？おっぱいが飲みたいのかな？」と、上の子も一緒に赤ちゃんのところに連れて行きます。

エ）上の子にお手伝いを頼む

　おむつが濡れていたら、「おむつが汚れていたね、おむつもってきてくれる？」と、上の子にお手伝いを頼みます。

オ）上の子を抱きしめてほめる

　上の子がおむつを持ってきてくれたら、「ありがとう、助かるよ」と、抱きしめてほめます。もしも「イヤ」と断られてもとがめません。さり気なく「じゃ、次の時にお願いね」と言って抱きしめて、自分でおむつを持ってきて替えます。

※これを繰り返すことで、上の子をほめる場面がたくさん増えるので、上の子どももこころが満たされ、赤ちゃん返りをせずに済みます。

事例41　赤ちゃん返りをしなかった息子たち

【とうくんの母親の手記】

　私は３人の息子を授かり、現在育児真っ最中です。長男の子育ての時は、長男が泣くたびに抱っこをし、なるべく泣かさないように可愛がって育てていました。

　３歳違いで次男が生まれた時には、長男に「弟が可哀相だから、ちょっと待っていてね。」と声をかけて、赤ちゃんが泣くとすぐに赤ちゃんを抱き上げてあやしていました。長男にはがまんさせていることが多く、長男は赤ちゃん返りをして、自分で歩かなくなってしまいました。赤ちゃんを抱っこしているのに、長男が抱っこをせがむので大変でした。

　次男に発達の遅れがあり、「ゆうゆう」に通園する中で、三男が生まれました。出産を前に今井先生から赤ちゃん返りをしない育児法を教えてもらいました。赤ちゃんが泣いた時には、教えられたように、あえてすぐに行かずに待ちました。そうすると、長男がまず「泣いているよ、おっぱい飲みたいんじゃない？」とか、おむつの臭いをかいで「おしっこでてるよ。」と教えてくれるようになりました。私は嬉しくて、「教えてくれてありがとう。」と、長男を抱きしめてほめました。長男は恥ずかしそうでしたが、でも嬉しそうでした。それから「おむつを替えてからおっぱいあげるから、お兄ちゃんはおむつを取ってくれる？」と伝えると「いいよー」と素直に答えて準備をしてくれました。それを次男もよく見ていて、赤ちゃんが泣くと、そばに寄って行くようになりました。「泣いているのを、気づいてくれてありがとう。」と抱きしめてほめると嬉しそうにして、お尻ふきを手にとってお尻を拭いてくれます。「お尻拭いてくれたから、赤ちゃんもすっきりしたね。ありがとう。」と再び抱きしめてほめると満足そうにします。

　それからは、赤ちゃんが泣くと、上の２人が率先して側に行き、お手伝いをしてくれるようになりました。その度に「ありがとうね。」と抱きしめてほめています。そのせいか、２人とも赤ちゃん返りもなく、次男出産の時よりもずっと子育てが楽しく感じられています。

4　3歳を過ぎた子どものほめ方・叱り方

　「ほめ方」「叱り方」の基本は同じです。年齢が上がるに従い、ほめる時には「笑顔で抱きしめる」だけではなく、「ことばで」でも満たされることが重要になってきます。年齢と共に表面的には「ハグ」を嫌がることもありますが、こころの中では、抱きしめて欲しいと願っているものです。

〈比較し過ぎないこと〉

　幼稚園や保育園に通い始めると、つい他の子どもと比較しがちです。
　ですが、幼児期の1年はこころも身体も大きく成長します。同じクラスでも誕生月が違うと、からだの発育や知的な発達には、差があるのは当然です。比較ではなく、その子ができるようになったことに視点を当ててほめてあげましょう。

〈過剰反応をしない〉

　子どもは、家庭の中では使わなかったことば（例えば「バカ」など）を覚えてきます。新しく覚えたことばは使ってみたくなるものです。特に、使って欲しくないことばに関しては、「叱られる」というおとなの反応が得られるので、その反応が楽しくて何度も使いたがります。むきになって叱らずに聞き流しましょう。
　子どもは、乱暴なことばを使うと、必ずおとなは反応して関わってくれるということを経験していきます。おとながむやみに叱らずに聞き流していれば、だんだん使わなくなってきます。
　普段の生活の中でおとなも乱暴なことばや汚いことばは使わないようにしましょう。

3歳を過ぎた子どもの　ほめ方

・「一番」や「上手」など、評価の基準にしないようにします。

 良いほめ方　　　　　　　　悪いほめ方

こころに響くほめ方をする。

・「今日も忘れずにできて、えらかったね」

・「○○ちゃんがしてくれるから、助かるよ」

・「最後まで諦めずに頑張れたね」　等。

・報酬を与える
例「できたら買ってやるよ」
「100点をとったらお小遣いをあげるからね」等。
・兄弟姉妹、友達と比較をする
例「おねえちゃんより上手だね」
「兄ちゃんは遅いけど、おまえはやることが速いね」等。
・結果の評価
例「一番になってえらかったね」等。

〈ほめ過ぎると…〉

ア）ほめられないと満足できない子どもになりやすいです。

イ）ほめられることのみ繰り返すようになり、困難なことを避けていくようになりやすいです。

ウ）過剰なほめかたをしていると、「自分は優れている」という、思い込みを育ててしまいます。耐性が育たないので、思春期以降、挫折した時に、立ち上がるのに苦労をしてしまいます。

おかあさんの笑顔は太陽
子どもの宝物
やさしい目　ニコニコ母さん
大きな耳　　話をよく聞き、共感する
小さな口　　口うるさく言わない

3歳を過ぎた子どもの　叱り方

「いい」か「ダメ」かのけじめをしっかりつけます。
一貫性を保ちます。（その日によって違うと混乱します）

 良い叱り方　　　　　悪い叱り方

- 毅然と目線を合わせて怖い顔を示し、本気で叱る。
- こわい表情をつくり、「いつもとは違う」というメリハリをつける。
- 「行為」だけを叱り、人格否定をしない。

- 体罰をする。
- 人に責任を押しつけて叱る。
  例）「そんなことをしたら先生に怒られるよ」
  　　「お巡りさんに連れて行かれるよ」
- 「おどし」で、ものごとをすすめる。
  例）「そんなこと言うんだったら夕飯は抜きだからね。」
  　　「よその家の子にしちゃうよ」
- 人格否定をする。
  例）「まったくおまえはバカなんだから」
- 存在を脅かす。
  例）「おまえなんかいらない。」
  　　「小さいクラスにやっちゃうよ」
- 口うるさく叱る。
- お兄ちゃん（お姉ちゃん）なんだから「がまん」しなさい。
- 遠くから大声で叱るだけ。
- その日の親の気分で違う。

〈叱ってはいけない時〉
　　間違えた時
　　失敗した時
　　（本人が一番気にしています）

〈体罰は、絶対にしてはいけない〉
 1．痛み、恥辱が記憶に残り、叱られた理由は残りません。
 2．自分で受けた体罰を、自分より弱いものへ転嫁しやすいです。
 3．ストレスを生じ、頭の働きを低下させます。
 4．対話・思考・認識等で判断する習性を失いやすいです。
 5．人権・人格を無視し、暴力を認めるようになりやすいです。

〈叱られてばかりいる子どもは…〉
　長い年月「体罰」を受けたり「おどし」で叱られたりしている子どもは、人を信じなくなり、心を閉ざすようになります。暴言・暴力を受けていると、自分が受けたような暴言・暴力を他人に向けるようになり、人間関係を悪くしてしまいます。
　また、子ども自身による理由（いたずら等）ではなく、おとなの都合で叱られることが多いと、子どものこころは傷つき、萎縮してしまいます。叱られてばかりいる子どもは、例えば、うそをついてその場をとりつくろうようになることもあります。度々うそをついていると、うそを隠すために他のうそを重ね、うそをついたことへの罪悪感がだんだん薄くなっていきます。うそをつくことにより、他の子どもからの信用が無くなってしまい、こころが益々荒れてしまいます。

〈叱られて育った子どもへの対応〉
　こころが傷つき萎縮している子どもに関わるときは、笑顔を向けてこころに寄り添うようにします。子どもが暴力的でも、関わるおとなは、暴力は決して振るわず、子どもが手を出しそうになったら、その手を素早く止め、できるだけ冷静に、笑顔を向けます。
　最初は作り笑顔でも良いので、笑顔を向けましょう。おとなが、怖い顔で止めると、子どもは更に興奮してしまいパニックを起こすこともあります。笑顔で接するよう心掛けましょう。笑顔で接していると、子どものことが本当に可愛く感じられるようになり、作らなくても笑顔になれます。

3 子どもの問題行動への対応のしかた

1 気になることは気にしない

「自慰行為」「つばを吐く」「指吸い」「服噛み」これらすべては、子どものこころが満たされれば無くなる行為です。

〈自慰行為の場合〉

チンチンいじりは、ことばで注意しても直りません。逆に、注意すれば注意するほど回数が増えてしまいます。チンチンを触る行為がおとなの気を引く行為だと学習するからです。

気になることは気にしないようにして「触っている手をさり気なく外す」ようにしていると改善できます。

子どもがチンチンいじりを始めたら、暇な時間ができた証です。さり気なくチンチンから手を外します。手を外した後は、笑顔が子どもの目の中に入るように目を合わせて手遊びなどで、向かい合います。

高学年になった子どもの場合は、手に臭いが付くので、相手をしながら、さり気なくウエットティッシュで手を拭いてあげましょう。

〈つばを吐く場合〉

つばを吐く行為を「とがめない」ことです。また、「汚いでしょう」などの声も掛けないことが大事です。黙って汚れを拭き取ります。そして、笑顔を向けて「あなたが大事、あなたが大好きだよ」という気持ちを表し、小さな子どもだったら抱きしめてあげましょう。大きな子どもには、一緒に手遊びなどをして笑い合うようにします。

笑顔を向け、気になる行為はなるべく気にしないようにしていると、おとなが気にしなくなった時、不思議にその行為はなくなります。

普段から子どもに笑顔を向け、お手伝いなどを通して、子どもをほめる場面をつくることも大切です。

事例42 つばを吐かなくなった息子

【Kくんの母親の手記】

　3歳を過ぎてもお友達とコミュニケーションが取れず、言葉の遅れも気になっていました。自分の思いや気持ちを言葉で表すことができないので、気に入らないことがあればどこでも「キーッ」と奇声をあげたり、大泣きしたりしていました。そんな時、「ゆうゆう」に入園しました。

　入園してから2ヵ月後には自分の思い通りにならなくても「がまん」ができるようになりました。安心していたら、今度は気に入らないことがあると、口をつぼめて「ブーッ」とつばを吐くようになってしまいました。

　「ゆうゆう」でも同じことをしているのか確認したところ、どうやらつばを吐く行為は自宅だけのようでした。今井先生に「つばを吐いた時、どう対応していますか？」と問われたので、「何でつば吐くの？　キタナイからダメ！　自分がされたらイヤでしょ、と言って叱っています。」と答えました。すると先生は、「親がムキになって怒ると余計に面白がってしまうの。つばを吐いたことに対し、あまり反応しないでね。つばを吐いた時は、怖い表情で、子どもの目を見ながら毅然として『ダメ』と伝えます。吐く前ならば、ニッコリ笑って『大好き』と言って、ギューっと抱きしめてください。」と教えてくださり、ただ叱っていただけの私の対応は逆効果だったことにようやく気付かされました。

　それからは子どもの様子を良く見るようになり、どんな時につばを吐くのか次第に分かるようになりました。ある時、「あっ！　今、吐こうとしてる⁉」と感じたので、吐く前にニッコリ笑って「大好きー！」とギューと抱きしめてあげると、バツが悪そうな顔をして「ニヤニヤ」と笑って、つばを吐き出すことをやめました。何度かこのようなことを繰り返していたら、気づいた時にはつば吐きをしなくなっていました。

　笑顔で接してあげる大切さを学び、友人からは「表情が明るくなったね。」と言われるようになりました。

〈指吸いの場合〉

指吸いは、ことばで注意しても直りません。「出っ歯になっちゃうよ」などと脅しても直りません。そればかりか、注意すれば注意するほど回数が増えます。指吸いすることが、おとなの気持ちを引くことだと学習するからです。気になるのですが、なるべく気にしないようにします。

指吸いを始めそうになったら、子どもの指が口に入ってしまわないうちに、さり気なく手を握ります。子どもの目の中に笑顔が入るように目を合わせ、手遊びや、お手伝いなどでほめる場面をつくります。親との関わりの中でこころが満たされ、手を手として使えるようになれば、指吸いはなくなります。

事例43　指吸いをしなくなった

【Sちゃんの母親の手記】

娘は2歳の頃、左の親指を吸っていました。皮膚がただれて赤みを帯び血がにじむまでになってしまっていました。「やめなさい。」と、ことばだけで口うるさく言っても、逆にむきになり、ひどくなってしまいました。

3歳で「ゆうゆう」に入園してからは、指導員の先生たちがさり気なく指を外し、手遊びなどに誘ってくれたので、指吸いがだんだん減ってきました。家でも、口に指が行きそうな時や口に入ってしまった時でも、話しかけながらそっと指を口から離し、お手伝いなどに誘うようにしました。根気よく続けると、半年ほどで指を吸わなくなり、指の傷も治りました。

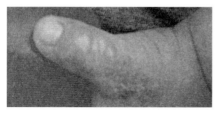

入園時の親指

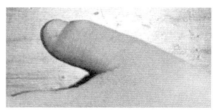

入園から1年後の親指

〈服（襟元や袖）を噛む場合〉

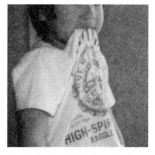

　子どもが服噛みをしていると、気になるものです。服噛みは、ことばで注意しても直るものではありません。逆に、注意すれば注意するほど回数が増えます。服を噛む行為が、おとなの気を引くことだと学習するからです。襟元や袖を噛んでいる時は、子どもに暇な時間ができた証ととらえて、笑顔を向けて、さり気なく襟元や袖を口から外しましょう。外した後は子どもの目の中に笑顔が入るように目を合わせ、手遊びや、お手伝いなどでほめる場面をつくります。親との関わりの中で機嫌の良い時にからだをいっぱい動かし楽しく遊ぶと、服噛みは無くなっていきます。

〈「タオル」や「ぬいぐるみ」をしゃぶる場合〉

　「こころが満たされないからする」と言われています。ぬいぐるみをしゃぶっている時は、笑顔を向け、さり気なく口からぬいぐるみを外しましょう。外した後は、目と目を合わせて向かい合い、手遊びをして遊びます。

　機嫌の良い時にからだをいっぱい動かし、楽しく遊びます。おとなと関わる楽しさが伝わるとこころが満たされてしゃぶらなくなります。

　こころの満たされは、日中の関わり方だけでなく、夜の眠りにも関係があります。部屋を暗く、静かな環境で眠ると、脳内物質「メラトニン」が分泌され、こころが穏やかになります。

　気になる行為を根本的になくしていくには、早起き・早寝をして「生活リズム」を整えることが不可欠です。

② 常によいところを見つけてほめる

　人間だけが笑いを表現できます。笑うとドーパミン分泌が良くなり前頭葉が育ちます。人間は一人では生きていけません。人と人とが力を合わせ支え合うから「人」になります。

> ほめる最高のご褒美は「笑顔」です。

〈保育参観・授業参観は、良いところを見つける良いチャンス〉

　参観に行ったら子どもが「ハ〜イ！」と手を挙げたのに、先生に指されたら何も言えなかった。あるいは先生に指されたら、声が小さくて聞きとれなかった…などという経験はありませんか？

　こんな時は、子どもを伸ばすチャンスです。「手を挙げたんだから、ちゃんと答えなさい」とか、「もっと大きな声で発言するの」などと子どもを叱ってはいけません。子どもが手を挙げられたことをほめましょう。手を挙げても指されたとたんにドッキリして、何も答えられなかったという「ドッキリさ」を分かってあげればよいのです。小さな声でも発言できたことをほめれば良いのです。成長過程のこの体験が、次の成長に繋がるのです。参観してくれたお母さんやお父さんにほめられると、子どもは参観を楽しみに待つようになります。「ドッキリさ」を分かってもらえたこと、小さな声でも発言できたことが、次の自信に繋がり、自信を持って大きな声で発言できるようになるのです。

　子どもを伸ばそうとして参観ごとに気になったことを注意していると、子どもは叱られることを気にして気持ちが萎縮してしまいます。親のことを恐れ、高学年になる頃には参観日を告げなくなったり、学校からの通信さえ見せなくなったりしてしまうこともあります。

　子どもは、今、完璧でなくて良いのです。おとなになった時に自分で考え、自分で判断し、自分の行動に責任を持って生きられるよう、良いところをほめて伸ばしていきましょう。

事例44 親が変われば子どもも変わる

【ゆっくんの母親の手記】

　5歳になる息子は「おやつを買ってもらえなかった」「一番にブランコに乗れなかった」等、ちょっとしたことですぐにいじけ、グズグズする子どもでした。私はイライラして「いじけるな！　いじけても得はない！」と息子に怒ってばかりいました。息子は、その場で「はい。」と返事はするのに、いじける行為は無くならず続いていました。私もこの子はいじける子だというレッテルを貼って、いじける行為にうまく対応できずにいました。今井先生に相談をすると、

・親がこの子はいじける子というレッテルを貼らない。
・いじける行為は注目を集めよう、かまってもらいたいサイン。
・いじける息子を責めない。
・いじけた時も大好きと伝え、抱きしめる。
・「がまんができたらほめる」を繰り返し体験させる、とアドバイスされました。

　その中で一番心に残っているのは、息子がいじけるのは息子が悪いのではなく、親がそういう子どもに育ててきたからだということ、そして「親が変われば子どもも変わるのです。」と言われたことでした。

　自分を変えることはなかなか難しく、息子がいじけるたびに怒ってしまいましたが、アドバイスされたことを忘れずに心掛けるよう努力をしました。いじけてしまった時には愛情を込めてギュッと抱きしめられるよう常日頃からスキンシップをはかり、寝る前には「あなたが大好きだよ」と毎晩抱きしめました。息子は抱きしめて、「大好きだよ！」と伝えるととても嬉しそうにしていました。笑顔も増えました。私のイライラも減り、息子を「ギュッ」とすることで、息子をもっともっと可愛いと感じるようになりました。息子がいじけた時もなるべく気にしないようにし、本人が気持ちを立て直して私のところに来たら、「よく来たね」と抱きしめてあげる、を続けていると、以前より素直に自分の気持ちを表現するようになりました。

　3ヵ月経った今ではいじけても立ち直りが早くなりました。気持ちを切り替えることがうまくできるようになってきたと思います。

3 具体的な対応のしかた

●おとなは、約束を必ず守る（その場しのぎの約束はしない）

その場しのぎの約束の例
　その１．公園から帰りたがらない子どもに「帰ったらりんごを食べようね」と、約束したのに、家に帰ってもりんごを食べさせない。

　※この場合、家に帰った時点で、少量で良いので「りんごを食べさせる」ことが「子どもとの約束を守る」ことです。守れない約束はしません。

　その２．子どもが「散歩に行きたい」と言った時に、「洗濯が終ったら行こうね」と、お母さんは約束をしました。ですが、お母さんは洗濯を終えると、散歩には行かずに掃除を始めてしまいました。

　※この場合、洗濯が終った時点で散歩に行くべきです。たとえ子どもが機嫌良く遊んで待っていたとしても、約束を破ってはいけません。距離は、長くても短くても「散歩をする」ことで約束を守れます。親が約束を守ることで、子どもも約束を守るようになります。

●子どもにも、約束を必ず守らせる（子どもに振りまわされない）

「買わない」と言ったら、泣かれても「買わない」の例
　お店に入る前に「今日は○○ちゃんの物は買わないよ」と約束をします。約束をしておいてもお店に入ると、お菓子などを持ってきたり籠に入れたりします。そんな時は、ニッコリ笑って「今日は買わないよ」と再び伝えます。子どもに泣かれても「買わない」という姿勢を崩しません。

●ニッコリ笑って譲らない

「買わないって言ったでしょう！」と声を荒らげる必要はありません。泣かれても、できるだけ笑顔で平静を装います。子どもはおとなの感情に同調しやすく、おとなが大声を出すと、子どもも大声で騒ぎます。

●子どもが泣いている間は、子どもに声を掛けない

子どもが泣いている時は、泣かせておきましょう。子どもの見える範囲で、自分の買い物を続け、泣かれても動じないことを演じてみせます。

●子どもが泣き止んだら「がまんできてえらかったね」と抱きしめて満面の笑顔でほめる

たとえ子どもが激しく泣いたとしても、泣き止んだ時点では「がまんができた」のですから、満面の笑顔でほめましょう。ここで、「がまんできたこと」を満面の笑顔で抱きしめて、ほめることが大切です。

このような経験を2〜3回繰り返すうちに、がまんができるようになり、他の場面でも「ごねて泣く」ことはなくなります。

「親は子どもに泣かれても、
一貫して揺るがず、譲りません」

「がまんできたこと」を満面
の笑顔で抱きしめて、ほめ
ます。

子どもが買ってと言って泣く場合

にこやかに、「今日は買わないよ」と約束する。

↓

子どもに泣かれても子どもの見える範囲で買い物を続ける。

↓

心が揺れても表情に表さずに買い物を続ける。子どもが泣いている限り、ことばかけはしない。

↓

子どもが泣き止んで来るのを待つ。(親は自分からは行かない)

↓

子どもが泣き止んで来たら、「がまんできてえらかったね」と抱っこして、満面の笑顔でほめる。

↓

がまん強い子になる。

泣かれたので買う。

↓

買い物のたびに泣いて、買ってもらいたがる。

↓

買い物以外でもよく泣く、聞き分けのない「わがままな子ども」になる。

事例45　一緒に買い物ができるようになった

【Tくんの両親の手記】

　息子との生活で困ることの一つに買い物がありました。買い物に行くと、自分の好きなところに行ってしまったり、追えば追うほど喜んで逃げてお店の外にまで出て行ってしまったり、"このお店ではこれを買う"というこだわりがあったり、いつも同じ商品を順に買い物かごに入れようとしたりすることがありました。そのため、買い物の時には子ども用のカートに乗せてするようにしていました。でも、体が大きくなるにつれ、足が床につくようになり、カートを自分で操作し、危ないこともありました。

　「ゆうゆう」入園から半年くらいたった頃のことです。カートに乗せるのを止め、カートを押させて一緒に買い物をすることにしました。買い物メモを「ひらがな」で書いて渡し、「今日はこれを買うよ。」と伝えたところ、自分でメモを見て、上から順に野菜の名前を読みながら探してかごに入れるお手伝いができたのです。売っていないものがあったり、書いていないものも買いたくなったりという母の都合での突然の変更もありましたが、「今日は値段が高いからやめておくね。」とか、「ほうれん草にかえるね。」と文字を消したり、追加したりすると、それにも納得し、レジまでカートを自分で押して行けました。

　この成長のカギは息子への対応を変えたことです。特に私が子どものいいなりにならなくなったことは、大きな違いでした。それまでは、親が息子に合わせていたので、今振り返ると、息子の好き勝手になっていました。

　「ゆうゆう」に入園してからは、「子どもが好きなところに行ってしまう前に行動を止める」「行ってしまっても追いかけない」「もどって来たら抱きしめてほめる」と教わり実践してきました。子どもがやりたいことでも、親がさせたくないことを止めたことで引っ掻かれたこともありましたが、止めました。

　半年たった今では、会計の間はレジの横でカートを持って待ち、袋に詰めるところまでお手伝いができ、店員さんに「ぼく、えらいね。」とほめてもらえるほど息子は成長しました。

さまざまな自然体験をさせる

ハイキングや山登りを通して自然と親しむ。

〈ハイキングや山登りの利点〉

●森林浴を体感できます。

　木々や草花の香りに包まれ、風を感じ、小川のせせらぎを聴くなど、非日常体験が、子どもの五感を育てます。

●「成功体験（達成感）」や「ほめられる体験」が自信に繋がります。

　山頂に行くまでの間に、すれ違う登山者から挨拶されたり、「小さいのにえらいね」と、ほめられたりする体験が増えます。さらに、山頂に到着した時に、目標を達成できた喜びを体験できます。山頂に着いたとたんに途中の辛さや疲れが飛んでしまいますから不思議です。

　これらの体験が、次への意欲に繋がります。

●筋力が付き、感性が磨かれます。

　山での草花、昆虫との出会いは一期一会です。自然界は不思議なことがいっぱいです。子どもが興味を持ったことで探究心が芽生え、感性が磨かれます。

　「山登りは楽しい」と思える大事な要素の一つは、「虫がいた」「きれいな花が咲いている」「鳥のさえずりが聞こえる」などの気づきです。親が気づき、感動したことを子どもに伝え、子どもが気づいた感動も共有しましょう。

●危険回避能力がつき、自分で選ぶ力が育ちます。

　歩く時には、おとなが口やかましく言わずに、危険でない限り、できるだけ本人に任せた歩き方をします。石や木の枝を避けて歩くなど、自分で自然に危険回避する力が身につきます。このような体験が、普段の生活の中でも自分の意志で選び、決断する力に繋がります。

〈山を選ぶポイント〉

初登山が肝心

　ア）低い山、短時間で歩ける場所から始めます。
　イ）初めて歩く山を選ぶ時は苦しいほどの行程にならないようにします。
　ウ）子どもが「ほんのちょっと疲れたけれど楽しかった」と思える程度の山から始めます。
　エ）親が行きたい山を選ぶのではなく、子どもの体力に合った山を選びます。

　ハイキングや山登りを継続していると筋力が付いてきます。子どもは、初めての場所を好みますから、慣れてきたら体力に合わせ、多少の困難と、達成感を感じられるような場所を選びます。

事例46　家族で楽しむ山登り

【Tくんの父親の手記】

　目が見えない息子にとって、足場が悪くすぐにつまずいてしまい、上り坂や下り坂のある山登りは、到底好きにはならないものだろうと思っていました。しかし、家族で回数を重ねるごとに、途中でぐずらなくなり、ペースはゆっくりでもなんとか一緒に登れるようになりました。

　年長児の鍋割山登山では、手を岩に触れさせ、足場を自分で選ばせるようにしました。山頂の鮮やかな景色を見ることはできなくても、小鳥のさえずりや青空や草原を渡る風や岩の大きさなど、体全体で楽しんでいるようでした。登りはじめから下るまで、息子はずっと笑顔でした。山頂まで登れた達成感からか、風貌も堂々として少し大人っぽく変わりました。

自然の中で遊ばせたい　―そこで育つ大切な力―

　　　　　　　　　　　　　　　利根沼田自然を愛する会会長　小林敏夫

　色々な自然環境が私達の周りには存在しています。木や草のある庭や公園、畑や田んぼ、小川や大きな川の河原、周囲の山の林や森などなど。そこにはたくさんの生き物が生活し、つながりを持って生きています。幼い子どもがそのような自然に触れると、知らない生き物の不思議さや疑問で目を輝かせます。どうしてこんな形や色をしているのだろう、どうやって飛ぶのだろう、何を食べているのだろう、お腹の中はどうなっているのだろうなどなど、興味津々になります。時にはいじくりまわして命を奪うこともあるかもしれません。しかし実はこれらの体験が大変大事なのです。なぜならこの時子どもは、全神経を集中してたくさん頭を使っているからです。また手先をはじめとしてたくさん体も使います。そして何よりも大切なのは、子ども自身の興味関心で活動しているということです。

　ところで自然の中には危険もいっぱい含まれています。これを体験することも大切です。歩いていて丸い石に足をおけば、転んでしまうかもしれません。木登りで、枯れた枝をつかめば木から落ちるかもしれません。鋭い棘（とげ）に触れば、痛い思いをします。そこでどうすればそれらの危険を避けられるのか、体験しながら危険回避能力が身に付きます。同様にデコボコ道を長く歩くこともよい経験です。体の平衡感覚や、忍耐力が自然に養えます。その際、親はそばで見守っているだけでよいのです。ルールもない自然の中の遊びには、予測不能な色々な刺激がいっぱい含まれています。まさにこの刺激こそ、子どものたくましく生きていく力を育ててくれる大切な刺激であるといえます。

　人は社会の中で生きていくためには色々な力が必要です。それを総称して生きる力（人間力）と言います。具体的には「思考力・創造力」「企画力」「コミュニケーション能力」「想像力」「状況対応力」などです。上で触れたように、これらの力が実は幼児期の自然の中で遊ぶという原体験で育ちます。自然の中で遊ばせ、子どもの生きる力をたくさん育てたいですね。

おわりに

　「がまん」ということばは、戦後の「がまんの時代」を越えてきた人たち、そしてそれを語り継がれた私たちには暗いイメージがあります。ですが、本書で取り上げる「がまん」は、「苦しいがまん」ではなく、豊かさの中で失われてきた「がまんする力」についてです。
　起きる時間、寝る時間、食べる時間、これら全てが好き勝手になってしまった現代、保育現場や学校では、食事途中で立ち歩く、授業途中に立ち歩くなど、「がまんできない子ども」が増え続けて困っています。彼等に「がまんすること」を教えていくことは、私たち子どもと関わるおとな全ての責任ではないかと感じています。
　「がまんする力」は、乳幼児期から「生活」の中で少しずつ、つけていく力です。朝眠くても早起きをし「生活リズム」を整えること、面倒くさいと思っても手作りの食事を作ること、笑顔を向けて子どものこころを満たすこと、これらが大切なことです。これら全てにおとなの「笑顔」と「待つ心（がまん）」が必要です。子どもに「社会で生きるためのルール」を教えるためには「ほんのちょっとだけがまんする」ということを幼児期から教えていかなければなりません。そのためには、まずおとなが「がまんして」関わり方を工夫します。

　「ゆうゆう」の保護者は、日々の連絡ノートや毎月の施設長との個別面談、毎月の保護者会、更に年3回の親子合宿などを通して河添理論を学び実践しています。「ゆうゆう」の子どもたちは、入園当初様々な問題行動を抱えていますが、早起き・早寝をし「生活リズム」を整えることで落ち着きを取り戻します。特に「手作りの食事」が子どもを大きく変えます。

我が子のために手作りの食事をつくり、笑顔を向けて一緒に関わることで変わるのです。

　私たちは、河添邦俊氏から「生活リズム」の大切さを、丸山美和子氏から「子どもの発達」について長く学んで参りました。「チャイルドハウスゆうゆう」の実践は、お二人の先生方が逝去された今もそのまま継続しています。25年という「時」を重ね、実践を積めば積むほど思いを深くしていることは「生活リズム」を整えることの大切さ、そして「子どもの発達の順序性」を飛び越さない体づくりの大切さです。本書で三作目となる「河添理論」の保育実践集は、今は亡き河添邦俊氏・幸江氏・丸山美和子氏への感謝の心を形にしたものです。

　なお、今回も児童養護施設「山形学園」園長の片桐弥生氏（河添邦俊氏の教え子）にご指導いただきました。何度も行き来する中で、河添・丸山両氏から学んだ事柄を確認し合い、その中で、片桐氏が「河添ゼミ」で直接河添氏から学んだ貴重なアドバイスをたくさんいただきました。また、実践者として共に学び合う「河添理論を学ぶ会」（代表　飯野政美さん）の仲間には、たくさんの助言をいただきました。更に、河添理論をもっと世に広めたいと願っている今泉香里さん、「ゆうゆう」を応援してくださっているたくさんの皆様にご協力いただき、やっと形となりました。心からお礼申し上げます。

　「チャイルドハウスゆうゆう」での取り組みは、家庭と園との協力無くしては語れません。保護者のみなさんの原稿協力が何よりの力となりました。

　偶然に「ゆうゆう」に立ち寄ってくださったご家族にも、赤ちゃん写真のご協力をお願いしたり、原稿依頼をしたりしました。皆さん実践者なので、すぐに応じてくださいました。本当に有難く思っております。

　実践の成果の陰には、夏の暑さにも冬の寒さにも耐え、子どもたちに笑顔を向け、体を張って子どもたちと関わってくれている指導員みんなの努力があります。皆さんに重ねて心からお礼申し上げます。

　学校の仕事帰りに毎週立ち寄り、イラストを仕上げて下さった志村由香

利さん、看護師として働きながらイラスト協力してくださった大﨑友美さん、カバー絵に力を注いでくださった荒川晶栄さんに、この場をお借りしてお礼申し上げます。

　『生活とあそびで育つ子どもたち』(2010年)と『「はう運動あそび」で育つ子どもたち』(2014年)に続き、今回も、「河添理論の提唱」と「現代の子どもたちの『がまんする力』の不足」について、ご賛同くださった大月書店と、河添理論を提唱したいという思いをくみ、多大なご配慮とご協力、応援をしてくださった編集部の松原忍氏には重ねて厚くお礼申し上げます。本書は松原氏の「待つ心（がまん）」に支えられ、出版にこぎ着くことができました。心から感謝しています。本当にありがとうございました。

　「河添理論」を実践することで、親子の絆をより深め、子どもたちの「可愛い笑顔」がいっぱい広がることを願って止みません。

　　2016年6月20日　　　　　　　　　　　　　　　　　　今井寿美枝

チャイルドハウスゆうゆうの芝山であそぶ子どもたち

参考文献

『「障害児保育」のみちすじ』(河添邦俊著、ささら書房、1995 年)
『イラストでみる乳幼児の一日の生活のしかた』(河添邦俊・河添幸江著、ささら書房、1991 年)
『育つ力と育てる力』(丸山美和子著、大月書店、2008 年)
『保育者が基礎から学ぶ乳児の発達』(丸山美和子著、かもがわ出版、2011 年)
『どの子もすばらしく育つみちすじ』(河添邦俊、河添幸江著、ささら書房、1986 年)
『その子育ては科学的に間違っています』(國米欣明著、株式会社三一書房、2007 年)
『母乳で育てる元気な赤ちゃん』(根岸正勝、根岸和子共著、池田書店、2004 年)
『ようこそ絵本の世界へ』(寺澤敬子著、上毛新聞社、2013 年)

編著者略歴

今井寿美枝

(いまい・すみえ) 1954年生まれ。群馬県立保育大学校卒業。児童養護施設「地行園」に勤務、その後、吉岡町第四保育園主任保母を経て、1992年、「チャイルドハウスゆうゆう」(NPO、0歳～6歳の発達の遅れや障がいのある子どもたちの児童発達支援事業施設) を開園、現在施設長。群馬県幼児教育センター保育アドバイザー、前橋市幼児教育センター幼児教育アドバイザー、国立赤城青少年交流の家外部研修指導員、前橋東警察署少年補導員連絡会会員。 おもな著書『生活とあそびで育つ子どもたち』、『「はう運動あそび」で育つ子どもたち』(編著、いずれも大月書店)

●カバー絵　荒川　晶栄
●本文イラスト　志村　由香利・大﨑　友美
●DTP　編集工房一生社

「がまんする力」を育てる保育

2016年7月20日　第1刷発行
2018年3月31日　第2刷発行

定価はカバーに表示してあります

●編著者──今井寿美枝
●発行者──中川　進
●発行所──株式会社　大月書店
〒113-0033　東京都文京区本郷2-11-9
電話(代表) 03-3813-4651
FAX 03-3813-4656
振替 00130-7-16387
http://www.otsukishoten.co.jp/
●印刷──祐光
●製本──中永製本

©Imai Sumie 2016

本書の内容の一部あるいは全部を無断で複写複製 (コピー) することは法律で認められた場合を除き、著作者および出版社の権利の侵害となりますので、その場合にはあらかじめ小社あて許諾を求めてください

ISBN 978-4-272-41228-0　C0037　Printed in Japan

●これだけは知っておきたい発達のみちすじと子育て
育つ力と育てる力
乳幼児の年齢別ポイント

丸山美和子著

０歳から５歳の各段階における子どもの新しい力の誕生を具体的に示し、そのみちすじをわかりやすく解説します。そのうえで、親や保育者は何を大切にし、どうかかわるかを明らかにします。　Ａ５判・1700円